Christian Lüdemann

Gesetzgebung als Entscheidungsprozeß

Beiträge zur sozialwissenschaftlichen Forschung

Band 95

Springer Fachmedien Wiesbaden GmbH

Christian Lüdemann

Gesetzgebung als Entscheidungsprozeß

Zur Normgenese der strafrechtlichen Regelung zur Strafaussetzung bei lebenslanger Freiheitsstrafe

Springer Fachmedien Wiesbaden GmbH

CIP-Kurztitelaufnahme der Deutschen Bibliothek

Lüdemann, Christian:
Gesetzgebung als Entscheidungsprozeß:
zur Normgenese d. strafrechtl. Regelung zur
Strafaussetzung bei lebenslanger Freiheits-
strafe / Christian Lüdemann. – Opladen:
Westdeutscher Verlag, 1986.
(Beiträge zur sozialwissenschaftlichen
Forschung; Bd. 95)

NE: GT

ISBN 978-3-531-11845-1 ISBN 978-3-663-14416-8 (eBook)
DOI 10.1007/978-3-663-14416-8

Ursprünglich erschienen bei Westdeutscher Verlag GmbH, Opladen 1986.

Umschlaggestaltung: Hanswerner Klein, Opladen

ISSN 0175-615-X

INHALTSVERZEICHNIS

1. Einleitung

1.1. Problemstellung der Untersuchung[1)]

Angesichts der ständig zunehmenden Normen- und Gesetzesflut wird das Forschungsdefizit im Bereich der Forschung zur Entstehung von gesetzlichen Normen und insbesondere von Strafrechtsnormen besonders deutlich. Da sich die empirische Forschung überwiegend mit der Untersuchung der Wirkungen von Strafrechtsnormen befaßt hat, halten wir es demgegenüber für erforderlich, der Genese von strafrechtlichen Regelungen verstärkt unser Forschungsinteresse zuzuwenden. Dabei soll folgenden beiden Forschungsfragen nachgegangen werden: Da im Bereich der Strafrechtsnormgenese nur wenig empirisch geforscht wurde, besteht ein Bedarf an deskriptiven Wissen darüber, was im Rahmen der Genese von Strafrechtsnormen genau passiert. Die erste Forschungsfrage bezieht sich also auf die Deskription des Normsetzungsprozesses. Die zweite Forschungsfrage bezieht sich auf die theoretische Frage, warum bestimmte Normen entstehen. D.h. es geht bei der zweiten Frage darum, die Normsetzung, d.h. hier Normsetzungsentscheidungen, mit Hilfe einer Theorie oder Hypothese zu erklären.

In der Terminologie der wissenschaftstheoretischen Kontroverse um das 'Verstehen' und 'Erklären' von Handlungen und Verhalten (vgl. hierzu v. WRIGHT 1974 u. APEL et. al. 1979) formuliert, befaßt sich die erste Forschungsfrage gewissermaßen mit dem Verstehen und die zweite Forschungsfrage mit dem Erklären des Normsetzungsprozesses.

Da das Manuskript Anfang 1984 abgeschlossen wurde, konnte später erschiene Literatur im Rahmen dieser Arbeit nicht mehr berücksichtigt werden.

1.2. Zum Stand der Normgeneseforschung im Bereich von Strafrechtsnormen in der Bundesrepublik

Einen Überblick über den internationalen Forschungsstand zur Strafrechtsnormgeneseforschung vermitteln WALDMANN 1979, SCHEERER 1979a und HAFERKAMP 1983. Viele Studien, die sich nun im deutschsprachigen Raum mit der Erforschung der Entstehung von Strafrechtsnormen befassen, bestehen zum größten Teil aus mehr oder weniger systematischen Analysen und Interpretationen von Dokumenten und Veröffentlichungen zum jeweiligen Gesetzgebungsprozeß (PILGRAM/STEINERT 1975; STANGL 1981 u. 1982; ROTTER/STANGL 1981; POHORYLES 1981; SCHEERER 1979) oder haben eher sozialhistorischen Charakter (RUSCHE/KIRCHHEIMER 1969; BLASIUS 1976). Im folgenden wollen wir uns jedoch mit Studien zur Strafrechtsnormgenese beschäftigen, die unter Anwendung von Methoden der empirischen Sozialforschung (systematische Inhaltsanalyse, Expertenbefragung u.ä.) durchgeführt worden sind.

Derartige empirische soziologische Untersuchungen wurden nun bisher innerhalb der Bundesrepublik leider in nur sehr geringer Zahl durchgeführt.[2)] Zu nennen wären hier die bereits abgeschlossenen empirischen Studien von SCHEERER 1979, HAFERKAMP 1980 und SEIDEL 1980 sowie die Untersuchungen von BRUSTEN 1982 und RÜTHER 1982 u. 1983. Die jeweils untersuchten strafrechtlichen Regelungen, die verwendeten Erhebungsmethoden und die jeweilige theoretische Orientierung sind in der Übersicht 1 enthalten. Die erstaunlich geringe Zahl empirischer Untersuchungen dürfte vorwiegend durch folgende Faktoren zu erklären sein.

Erstens bestehen erhebliche Datenzugangs- bzw. Erhebungsprobleme, da die Gewinnung von Rechtspolitikern und Ministerialbeamten für Experteninterviews auf große Widerstände und Vorbehalte der Betroffenen stößt. Ein Ausweichen auf andere 'Versuchspersonen' - eine übliche Forschungsstrategie bei Ausfällen und Verweigerungen im Rahmen der traditionellen Forschungsbereiche - ist hier nicht möglich, da der Kreis der politischen Entscheidungsträger relativ klein und nicht durch andere Personen 'ersetzbar' ist. Wenn ein Experteninterview mit einem relevanten Entscheidungsträger nicht durchgeführt werden kann, handelt es sich sozusagen um einen 'unersetzbaren' Verlust. Auch der Zugang zu Dokumenten und Protokollen, die für den Gesetzgebungsprozeß von Wichtigkeit sind, ist oft mit Problemen verbunden, da z.B. Sperrfristen beachtet werden müssen oder politischer Mißbrauch befürchtet wird.

Zweitens dürfte die geringe Forschungsaktivität auf die hohe Komplexität und Vielschichtigkeit von Gesetzgebungsprozessen zurückzuführen sein. Die hohe Komplexität von Gesetzgebungsprozessen ergibt sich u.a. aus der Vielzahl der innerhalb eines solchen Prozesses zu treffenden Entscheidungen. So weist z.B. ein vom Bundesministerium der Finanzen erarbeitetes Flußdiagramm (vgl. BMF; Ablaufdiagramm über das Zustandekommen eines Bundesgesetzes, 1978), das die Entscheidungen im Verlaufe eines (Bundes-)Gesetzgebungsverfahrens umfaßt, vom Referentenentwurf bis zum Kabinettsbeschluß 33 und vom Kabinettsbeschluß bis zur Verkündung des Gesetzes weitere 38 zu treffende Entscheidungen aus. Natürlich haben viele dieser Entscheidungen eher formellen, d.h. verfahrenstechnischen als inhaltlichen Charakter. Trotzdem bleibt die Zahl der inhaltlichen und für die 'Substanz' des letztlich verkündeten Gesetzes relevanten Entscheidungen relativ groß, so daß eine soziologische Rekonstruktion, Analyse und Erklärung eines Gesetzgebungsprozesses, nur schwer alle maßgeblichen Faktoren berücksichtigen kann.

Drittens existieren, wie die Übersicht 1 der in der Bundesrepublik Deutschland durchgeführten Untersuchungen zeigt, nur geringe Forschungserfahrungen, an denen man sich bei der Lösung von im Verlaufe einer Studie auftretenden Problemen orientieren könnte. Generalisierbare Erfahrungen, die den Charakter von praktisch verwertbaren Forschungsratschlägen zur Lösung von Datenzugangs- oder Erhebungsproblemen haben, liegen bisher nicht vor. Auch Studien, die im Ausland durchgeführt wurden, bieten nur geringe Orientierungshilfen, da die Übertragbarkeit von Erfahrungen und damit Ratschlägen aufgrund unterschiedlicher parlamentarischer Systeme und unterschiedlicher Gesetzgebungsverfahren sowie verschiedener politischer Kulturen quasi nicht gegeben ist.

Die drei genannten Probleme, bei denen es sich bei den ersten beiden um prinzipielle und damit schwer lösbare Probleme, dagegen beim dritten Problem um ein durch intensivierte empirische Forschung zu lösendes Problem handelt, erklären u.E. zu einem großen Teil das Forschungsdefizit im Bereich der Strafrechtsnormgenese in der Bundesrepublik Deutschland.

Abb. 1 Übersicht 1

Empirische Studien zur Strafrechtsnormgenese in der Bundesrepublik

	SCHEERER 1979	HAFERKAMP 1980	SEIDEL 1980	BRUSTEN 1982	RÜTHER 1982/1983
untersuchte Gesetze	Betäubungsmittelgesetz	Diebstahlsgesetze	1. und 2. Strafrechtsreformgesetz	Führungsaufsicht	Umweltstrafrecht
Untersuchungsmethoden	Dokumentenanalyse Expertenbefragung	quantitative Inhaltsanalyse	quantitative Inhaltsanalyse	Dokumentenanalyse Expertenbefragung	Dokumentenanalyse Expertenbefragung
theoretische Orientierung	'Moral-Unternehmer' Interessengruppen Massenmedien öffentliche Meinung	Politikphasen Interessengruppen Massenmedien	Systemtheorie	Interessengruppen Norminteressen	Labeling-Ansatz

1.3. Defizite vorliegender Untersuchungen zur Strafrechtsnormgenese in der Bundesrepublik

Einige empirische Studien zur Strafrechtsnormgenese in der Bundesrepublik Deutschland weisen nun Defizite auf, die wir im folgenden diskutieren wollen. Unsere Forschungskritik wird dabei durch folgende Leitfragen bestimmt:

(1) Geht aus der Studie hervor, wie die Hypothesen genau lauten und wie sie operationalisiert werden?

(2) Wurde eine einheitliche Theorie oder eher eine Integration verschiedener Ansätze und Hypothesen der Studie zugrunde gelegt?

(3) Wurden verschiedene Erhebungsmethoden innerhalb einer Studie verwendet?

ad 1) Wenn unklar bleibt, wie die Hypothesen genau lauten und wie sie operationalisiert werden, bleibt leider auch unklar, welches das Ergebnis einer empirischen Überprüfung ist. Zwar werden oft die erhobenen Daten ex-post mit Hilfe soziologischer Begriffe oder Theoriefragmente interpretiert, jedoch kann dies kaum als empirische Überprüfung theoretischer Annahmen bezeichnet werden. Ein derartiges Vorgehen verhindert einen Erkenntnisfortschritt in Form einer Bestätigung oder Widerlegung von Hypothesen. Aus diesem Grund kann ein solches Vorgehen auch nicht zu einer Modifikation von Hypothesen und damit zu einer theoretischen Weiterentwicklung führen.

ad 2) Die zweite Frage bezieht sich darauf, ob von einem einheitlichen theoretischen Ansatz ausgegangen wird oder ob versucht wird, verschiedene Ansätze oder bereits vorliegende Hypothesen innerhalb einer Studie zu integrieren. Beide Vorgehensweisen halten wir für sinnvoll und erforderlich, lehnen aber die Verwendung von ad hoc formulierten Theorien ab, da derartige Theorien nur diejenigen Sachverhalte erklären, zu deren Erklärung sie eigens aufgestellt wurden.

ad 3) Aufgrund des bereits weiter oben erwähnten Datenzugangsproblems wurde in einigen Studien ausschließlich inhaltsanalytisch vorgegangen. Nun besitzt die Methode der Inhaltsanalyse zwar den Vorteil der Nicht-Reaktivität, da das zu untersuchende Phänomen nicht durch den Erhebungsvorgang beeinflußt wird. Ein Nachteil dieser Erhebungsmethode liegt jedoch in der starken Einschränkung auf schriftlich fixierte und zugängliche Materialien. Demgegenüber eröffnet das Interview dem Forscher die Möglichkeit, mit seiner Datenquelle z.B. durch gezieltes Nachfragen zu interagieren und damit einen größeren Bereich an Informationen zu erheben. Das Interview hat jedoch den Nachteil, zu den reaktiven Verfahren zu gehören. Um nun den zu untersuchenden Realitätsbereich möglichst breit zu erfassen und um unerwünschte methodenspezifische Nachteile jeweils einer Erhebungsmethode durch die Vorteile einer anderen Methode teilweise zu kompensieren, halten wir es im Sinne eines Methodenpluralismus für sinnvoll, sowohl die Methode der Inhaltsanalyse als auch die des Interviews im Bereich der Normgeneseforschung anzuwenden.

Im folgenden wollen wir die verschiedenen Untersuchungen anhand der drei Leitfragen diskutieren.

Bei der Studie von SCHEERER (1979) ist zu kritisieren, daß unklar bleibt, wie die Hypothesen lauten, wie sie operationalisiert wurden und welches Ergebnis die Überprüfung ergibt. Zu bemängeln wäre, daß lediglich am Ende der Untersuchung die erhobenen Daten ex-post mit Hilfe einiger soziologischer Begriffe interpretiert werden. Die Studie verfolgt einen integrativen Ansatz, der verschiedene theoretische Richtungen berücksichtigt und verwendet sowohl die Methode der Dokumentenanalyse als auch die des Experteninterviews.

Die Untersuchung zur Diebstahlsgesetzgebung (HAFERKAMP 1980), die einen integrativen theoretischen Ansatz vertritt, leidet darunter, daß ausschließlich inhaltsanalytisch vorgegangen wird und kein 'engerer Forschungskontakt' im Sinne einer Befragung von am Gesetzgebungsprozeß beteiligten Personen stattfindet. Die Hypothesen sind präzise in Form eines Pfadmodells spezifiziert. Auch die Operationalisierungen der Modell-Variablen werden ebenso ausführlich diskutiert wie das Resultat des Tests des spezifizierten Kausalmodells.

Die Untersuchung zum Ersten und Zweiten Strafrechtsreformgesetz (SEIDEL 1980), die eher deskriptiv-systematisierenden

Charakter hat, besitzt den Nachteil, daß trotz des einheitlichen theoretischen Ansatzes der Systemtheorie der Zusammenhang zwischen den erhobenen Daten und den systemtheoretischen Überlegungen weitgehend ungeklärt bleibt. Als weiteres Defizit wäre der praktizierte Methodenmonismus zu erwähnen, da als einzige Methode die Inhaltsanalyse angewendet wird.

Die noch nicht abgeschlossene Untersuchung von BRUSTEN (1982) vertritt einen integrativen Ansatz, indem eine Reihe verschiedener spezifizierter Hypothesen überprüft werden sollen. Im Sinne eines Methodenpluralismus ist beabsichtigt, eine Dokumentenanalyse sowie Experteninterviews durchzuführen. Besonders hervorzuheben wäre an diesem Projekt das sehr anspruchsvolle Ziel, sowohl die Genese als auch die Implementation einer strafrechtlichen Regelung zu untersuchen.

An der ebenfalls noch nicht abgeschlossenen Untersuchung von RÜTHER (1982, 1983) ist hervorzuheben, daß auch hier beabsichtigt wird, sowohl eine Dokumentenanalyse als auch Experteninterviews durchzuführen. Obwohl als einheitlicher theoretischer Ausgangspunkt der labeling-Ansatz dient, sind keine konkreten Hypothesen spezifiziert worden, die im Rahmen dieser Studie überprüft werden sollen.

In unserer Untersuchung werden wir im Unterschied zu den Studien von SCHEERER 1979, BRUSTEN (1982) und HAFERKAMP 1980 von einem <u>einheitlichen</u> theoretischen Ansatz, der Entscheidungstheorie, ausgehen. Entscheidungstheoretische Hypothesen haben sich nämlich bei der Erklärung und Rekonstruktion politischer Entscheidungen durchaus bewährt.[3)] Diese Hypothesen haben wir im Unterschied zu den Untersuchungen von SCHEERER 1979, RÜTHER 1982 u. 1983 und SEIDEL 1980 in Form von Wenn-dann-Sätzen <u>präzisiert</u>. Weiter werden wir im Sinne eines möglichst breiten Zugangs zum Untersuchungsbereich und im Interesse einer Relativierung methodenspezifischer Effekte sowohl eine <u>Inhaltsanalyse</u> als auch <u>Experteninterviews</u> durchführen. Schließlich werden wir zusätzlich auch <u>explorativ</u> vorgehen und den Gesetzgebungsprozeß ausführlich dokumentieren und in seinem Ablauf beschreiben. Gerade angesichts des gegenwärtigen Stands des Wissens über Strafgesetzgebungsprozesse in der Bundesrepublik Deutschland, bei dem es noch an grundlegender deskriptiver Information fehlt, halten wir ein solches explorativ-deskriptives Vorgehen für unverzichtbar.

1.4. Zur Auswahl des Explanandums: Strafrestaussetzung bei lebenslanger Freiheitsstrafe (§ 57a StGB)

Bei der Auswahl eines geeigneten Explanandums orientierten wir uns an folgende Kriterien: Erstens sollte es sich um ein kontrovers beratenes und verabschiedetes Strafgesetz handeln. Zweitens sollte es sich um eine strafrechtliche Regelung handeln, die im Rahmen ihrer Genese ausführlich und eingehend beraten und diskutiert wurde. Drittens sollte es sich um ein relativ kurzes Strafgesetz handeln, das eine überschaubare Anzahl von Einzelregelungen enthält. Das vierte Kriterium, das eher methodologischen, weil erhebungstechnischen Charakter hat, bezieht sich darauf, daß die Entstehungsgeschichte und die Beratungen der zu untersuchenden Regelungen zeitlich nicht allzu lange zurückliegen sollten. Dies ist deshalb wichtig, da beabsichtigt wird, Experteninterviews mit Rechtspolitikern und Ministerialbeamten zu führen, und die Validität dieser Interviews durch Erinnerungsfehler möglichst wenig beeinträchtigt werden soll.

Ein Strafgesetz, das alle vier Kriterien relativ gut erfüllt, ist die neu in den allgemeinen Teil des Strafgesetzbuches aufgenommene Regelung zur Aussetzung des Strafrestes bei lebenslanger Freiheitsstrafe (§ 57a StGB)[4], deren wesentliche Vorschriften folgendermaßen lauten (vgl. zu diesem Gesetz KUHNERT 1982, HAFFKE 1982, KRÖKEL 1982, DECKERS 1982 und BECKMANN 1983):

§ 57a StGB Aussetzung des Strafrestes bei lebenslanger Freiheitsstrafe

(1) Das Gericht setzt die Vollstreckung des Restes einer lebenslangen Freiheitsstrafe zur Bewährung aus, wenn

1. 15 Jahre der Strafe verbüßt sind,

2. nicht die besondere Schwere der Schuld des Verurteilten die weitere Vollstreckung gebietet und

3. verantwortet werden kann zu erproben, ob der Verurteilte außerhalb des Strafvollzugs keine Straftaten mehr begehen wird, und

4. der Verurteilte einwilligt

...

(3) Die Dauer der Bewährungszeit beträgt 5 Jahre

(4) Das Gericht kann Fristen von höchstens 2 Jahren festsetzen, vor deren Ablauf ein Antrag des Verurteilten, den Strafrest zur Bewährung auszusetzen, unzulässig ist.

Erstens wurde dieses Gesetz, das am 1.5.1982 in Kraft trat, äußerst kontrovers beraten und verabschiedet. Zweitens wurde dieses Gesetz sehr ausführlich und über einen längeren Zeitraum (von Anfang 1979 bis Ende 1981) parlamentarisch beraten. Drittens besteht dies Gesetz aus einer überschaubaren Zahl von Einzelregelungen und viertens liegen die Beratungen des Rechtsausschusses des Deutschen Bundestages bezüglich dieser Regelung noch nicht allzu lange zurück (Jan./Febr. 1980 und April/Mai 1981).

2. Zum theoretischen Ansatz

2.1. Zur Wahl eines entscheidungstheoretischen Ansatzes

2.1.1. Vorliegende Theorien und Orientierungshypothesen zur Entstehung von Normen

Vergleicht man die Aussagen verschiedener Sozialwissenschaftler, die sich u.a. mit der Entstehung von Normen beschäftigt haben, so zeigt sich, daß eine Vielzahl davon ausgeht, daß die Entstehung von Normen davon abhängt, welche Vor- oder Nachteile bzw. welcher Nutzen und welche Kosten mit der Normsetzung verknüpft sind. So greifen z.B.

"BERGER und LUCKMANN (1969), die u.a. Hypothesen zur Entstehung von Normen skizzieren (vgl. S. 49-98), ... mehrfach auf den 'Gewinn' zurück, den Personen von bestimmten Handlungen haben, oder darauf, daß bestimmte Handlungen 'Spannungen' reduzieren (vgl. z.B. S. 57, S. 60 f.). HAFERKAMPs (1980) generelle These, daß solche Normen ausgehandelt werden, die existenzsichernd sind oder die Mängelsituationen überwinden (vgl. z.B. S. 50-53), bedeutet, daß bestimmte Nutzen und Kosten für die Normsetzung von Bedeutung sind. Auch CANCIANs 'motivationale Annahmen', mit denen sie u.a. die Übernahme einer Identität (d.h. eines Normenkomplexes) erklärt (1975, S. 139), sind Annahmen darüber, was für Personen mehr oder weniger nützlich ist. ... Auch funktionalistische Argumentationen könnte man im Rahmen der utilitaristischen Konzeption explizieren. Die Bildung von Normen bzw. Werten ist relevant für die Lösung bestimmter Systemprobleme (vgl. - um nur ein Beispiel zu nennen - PARSONS und SMELSER 1956, S. 40 ff.). Die Lösung der Probleme bzw. funktionalen Erfordernisse bringt für die Mitglieder Nutzen. Dies mag man als 'Gleichgewicht', 'Überleben' o.ä. bezeichnen. D.h. Normen tragen dazu bei, Zielzustände zu erreichen, die Individuen zu einer höheren Wohlfahrt führen. K. DAVIS (1966, S. 109) formuliert eine solche These zur Erklärung der Entstehung von Konventionen - eine bestimmte Art sozialer Normen - in folgender Weise: 'The fact that the relationships go as smoothly and automatically as they do, with a minimum of confusion and friction, suggests that the conventions are generally satisfactory.' Auch in der Sozialpsychologie gehen die zentralen Beiträge zur Normsetzung (vgl. insbesondere THIBAUT und KELLEY 1959, SHERIF 1936) implizit oder explizit davon aus, daß die Entstehung von Normen mit den damit verbundenen Nutzen und Kosten zusammenhängt (siehe auch JACKSON 1966, S. 115)." (OPP 1983, S. 30 f.).

Viele Sozialwissenschaftler, die verschiedene Disziplinen und auch verschiedenen Traditionen innerhalb einer Disziplin zuzurechnen sind, vertreten also dieselbe Orientierungshypothese zur Entstehung von Normen. Die Vagheit der Formulierung dieser Hypothese sowie eine jeweils schultypische Terminologie verschleiern diesen Sachverhalt jedoch häufig.

Auch die Arbeiten der 'property rights'-Schule (vgl. hierzu z.B. FURUBOTN/PEJOVICH 1974) und der Ansatz der Ökonomischen Analyse des Rechts (vgl. POSNER 1977 u. ASSMANN et al. 1978 sowie die Beiträge des Journals of Legal Studies) verwenden bei der Erklärung der Entstehung von Rechtsnormen Kosten-Nutzen-Annahmen.

Bei der Analyse strafrechtlicher Normsetzungen halten wir es nun aus folgenden Gründen für sinnvoll, Kosten-Nutzen-Hypothesen zu verwenden: Erstens werden Kosten sowie Nutzen von Normsetzungen von einer großen Zahl von Soziologen für relevant gehalten. Zweitens haben sich Kosten-Nutzen-Hypothesen bei der Erklärung und Analyse einer spezifischen Klasse von Normen, den Eigentumsrechten als fruchtbar erwiesen. Drittens scheint die Anwendung nutzentheoretischer Hypothesen auf legislative Entscheidungen fruchtbar zu sein, da derartige Entscheidungen gerade bewußt unter Berücksichtigung und Abwägung von Alternativen getroffen werden. Viertens spricht u.E. nichts dagegen, diesen allgemeinen nutzentheoretischen Ansatz auch zur Erklärung der Entstehung von Strafrechtsnormen zu verwenden.[5)]

2.1.2. Zur Fruchtbarkeit entscheidungstheoretischer Ansätze bei der Analyse politischen Verhaltens

Die Entscheidungstheorie hat sich nicht nur in ihrer präskriptiven (d.h. Entscheidungen strukturierenden und anleitenden) Version bei der Vorbereitung und Durchführung von politischen Entscheidungen als hilfreich und nützlich erwiesen (vgl. hierzu BÖHRET 1970). Auch bei einer deskriptiven (d.h. Entscheidungen erklärenden und prognostizierenden) Anwendung des entscheidungstheoretischen Ansatzes (zur politologischen Entscheidungsforschung vgl. als Überblick BEHRENS 1980) kann man von einer Bewährung dieses Paradigmas sprechen. So haben z.B. GALLHOFER und SARIS in einer Reihe von Studien gezeigt, daß sich politische Entscheidungen mit Hilfe eines entscheidungstheoretischen Ansatzes erfolgreich erklären bzw. ex-post prognostizieren lassen (GALLHOFER/SARIS 1979, 1979 b, 1982 u. SARIS/GALLHOFER 1975). Auch bei der Rekonstruktion politischer Entscheidungsprozesse hat sich das Paradigma der Entscheidungstheorie gut bewährt (GALLHOFER/SARIS 1979 a u. AXELROD 1976 u. 1977).

Eine Vielzahl der innerhalb der präskriptiven Entscheidungstheorie (vgl. zur normativen oder auch präskriptiven Entscheidungstheorie z.B. RAIFFA 1968) entwickelten Entscheidungsregeln läßt sich auch deskriptiv, d.h. für die Beschreibung, Erklärung und Prognose von Entscheidungen verwenden (vgl. z.B. die Studien von LEISERSON 1970 und de SWAAN 1973). Da die Ergebnisse der bisherigen empirischen Entscheidungsforschung gezeigt haben, daß Entscheidungsregeln in einer Vielzahl durchaus heterogener Entscheidungssituationen angewendet werden bzw. eine Erklärung oder ex-post-Prognose ermöglichen (vgl. hierzu den Überblick bei VLEK/WAGENAAR 1979), halten wir es für fruchtbar, entscheidungstheoretische Konzepte und Hypothesen zur Erklärung gesetzgeberischer Entscheidungen zu verwenden.[6)]

2.2. Ein zweifacher Test auf Rationalität

Die Anwendung entscheidungstheoretischer Hypothesen impliziert nun einen zweifachen Test. Erstens handelt es sich um einen Test im üblichen methodologischen Sinn, nämlich um den Test von entscheidungstheoretischen Hypothesen im Hinblick auf die Erklärung von Entscheidungen in politischen Entscheidungssituationen. Zum zweiten ließe sich von einem normativen 'Test' auf Rationalität gesetzgeberischen Handelns sprechen. Eine Orientierung an rationalen Kriterien wird dem Gesetzgeber nämlich zum einen durch die Verfahrensvorschriften der Gemeinsamen Geschäftsordnung der Bundesministerien - Besonderer Teil (GGO II)[7)], zum anderen durch vom Bundesverfassungsgericht entwickelte rationale Beurteilungskriterien[8)] und schließlich durch innerhalb der Strafrechtswissenschaft vertretene Ansprüche an die Strafgesetzgebung nahegelegt (zu Rationalitätsforderungen gegenüber der Strafgesetzgebung vgl. NOLL 1973, S. 31, 63 ff., 68, 108, 116 f., 127, 146 ff., SCHÖCH 1980, S. 146 f., 166, SCHUBARTH 1980, S. 99, AMELUNG 1980, S. 22, 47, 71 u. 189).

Wenn man nun Entscheidungsregeln, die innerhalb der Entscheidungstheorie entwickelt wurden, als Präzisierung oder Explikation der an den Gesetzgeber gerichteten Rationalitätskriterien betrachtet, ließe sich der Grad der Übereinstimmung gesetzgeberischer Entscheidungshandlungen mit rationalen Maßstäben (i.e. Entscheidungsregeln) "überprüfen", indem man ermittelt, in welchem Maße rationale Entscheidungsregeln die faktischen gesetzgeberischen Entscheidungen zutreffend erklären können. Bei diesem 'Rationalitäts-Test' wäre das jeweilige Meßniveau, auf dem Nutzen- und Wahrscheinlichkeitsaussagen formuliert werden, bei der Wahl der Entscheidungsregeln zu berücksichtigen.

Bei diesem 'Rationalitäts-Test' haben die zur Beurteilung der gesetzgeberischen Rationalität herangezogenen Entscheidungsregeln also einen präskriptiven Charakter, demgemäß es 'rational' ist, wenn der Gesetzgeber in bestimmter Weise, d.h. konsistent im Hinblick auf bestimmte Entscheidungsregeln entscheidet (zur Idee eines normativen Modells rationaler Gesetzgebung vgl. auch WROBLEWSKI 1979).

2.3. Zielsetzungen der Untersuchung

Diese Studie beabsichtigt, auf der Grundlage eines entscheidungstheoretischen Ansatzes, die im Verlaufe des Gesetzgebungsverfahrens gefallenen Entscheidungen und Teilentscheidungen bezüglich der strafrechtlichen Vorschrift des § 57a StGB zu rekonstruieren und zu erklären. Im Rahmen dieser Untersuchung soll zum einen eine Inhaltsanalyse von Protokollen der Sitzungen des Rechtsausschusses des Deutschen Bundestages durchgeführt werden. Dabei werden die Protokolle auf verwendete Argumente hin durchgesehen, die sich auf die strafrechtlichen Regelungen des § 57a StGB beziehen. Diese Argumente werden dann in ihre 'Bestandteile' unter Verwendung entscheidungstheoretischer Kategorien (Entscheidungsalternativen, Konsequenzen, deren subjektive Auftrittswahrscheinlichkeit sowie deren Nutzen) 'zerlegt'. Auf die derartig rekonstruierten Argumentationsstrukturen werden dann entscheidungstheoretische Hypothesen angewendet, indem versucht wird, die faktisch getroffenen Entscheidungen und Teilentscheidungen zu erklären. Weiter soll eine Expertenbefragung auf der Grundlage eines Interviewleitfadens durchgeführt werden, dessen Fragen sich an einem theoretischen Ablaufmodell der Gesetzgebung orientieren. Der intendierte wissenschaftliche Nutzen dieser Studie wäre darin zu sehen, einen bisher im Bereich der Gesetzgebungsforschung vernachlässigten einheitlichen theoretischen Ansatz auf ein konkretes Erklärungsproblem anzuwenden und auf diese Weise einem empirischen Test zu unterziehen.

3. Zur lebenslangen Freiheitsstrafe in der Bundesrepublik

3.1. Von der Todesstrafe zur lebenslangen Freiheitsstrafe

Die Humanisierung des Strafrechts in der Bundesrepublik fand ihren deutlichen Niederschlag in der Abschaffung der Todesstrafe im Jahr 1949 durch den Artikel 102 des Grundgesetzes, der bestimmt:

"Die Todesstrafe ist abgeschafft"

Mit dieser verfassungsrechtlichen Entscheidung sollte ein klares und eindeutiges Bekenntnis zu dem Recht auf körperliche Unversehrtheit abgelegt und von den Ereignissen der Zeit vor 1945 abgerückt werden. Durch diese Entscheidung des Grundgesetzes rückte die lebenslange Freiheitsstrafe zur Höchststrafe für Kapitalverbrechen in der Bundesrepublik auf.

3.2. Zur Entwicklung der Verurteilungen zu lebenslanger Freiheitsstrafe in der Bundesrepublik

Die praktische Bedeutung der lebenslangen Freiheitsstrafe in der Bundesrepublik läßt sich an der Zahl der Verurteilungen ablesen. Von 1945 bis 1975 wurden insgesamt 1.927 Personen zu lebenslanger Freiheitsstrafe verurteilt. Aufgeschlüsselt nach 10-Jahreszeiträumen und Bundesländern ergibt sich laut Umfrage des Bundesverfassungsgerichts bei den Landesjustizverwaltungen folgende Übersicht:

Abb. 2 Übersicht 2

Zahl der Verurteilungen zu lebenslanger Freiheitsstrafe in der Bundesrepublik zwischen 1946 und 1975

Bundesland	1946 - 1955	1956 - 1965	1966 - 1975	1946 - 1975
Baden-Württemberg	80	63	62	205
Bayern	221	87	95	403
Berlin	74	41	63	178
Bremen	14	2	16	32
Hamburg	27	16	33	76
Hessen	52	50	34	136
Nieder-sachsen	118	54	46	218
Nordrhein-westfalen	127	141	215	483
Rheinland-Pfalz	36	36	37	109
Saarland	12	5	7	24
Schleswig-Holstein	31	12	20	63
Summe $\sum$	792	507	628	1927

(Übersicht aus ARZT 1978, S. 153)[9)]

Differenziert man die Zahl der Verurteilungen zu lebenslanger Freiheitsstrafe nach Tatbeständen des StGB, auf denen die Verurteilungen beruhen, ergibt sich laut Umfrage des Bundesverfassungsgerichts (BVerfG) bei den Bundesländern folgende Übersicht:

Abb. 3 Übersicht 3

Tatbestände, auf denen die Verurteilungen zu lebenslanger Freiheitsstrafe zwischen 1946 und 1975 in der Bundesrepublik beruhen

Tatbestände	Verurteilungen
§ 211 StGB (Mord) incl. Versuch, Teilnahme; allein od. in Verbindung mit anderen Tatbeständen	1.856
§ 212 StGB (Totschlag) allein od. in Verbindung mit anderen Tatbeständen außer § 211 StGB	33
§ 250 StGB (schwerer Raub), § 251 StGB (Raub mit Todesfolge) allein od. in Verbindung mit anderen Tatbeständen außer §§ 211, 212	21
§ 177 StGB (Vergewaltigung), § 178 StGB (sexuelle Nötigung) allein od. in Verbindung mit anderen Tatbeständen außer §§ 211, 212. Keine Kombination mit § 251	5
Kontrollratsgesetz (KRG) Nr. 10 nicht in Verbindung mit §§ 211, 212	9

(Tabelle in Anlehnung an ARZT 1978, S. 154)[10)]

Dabei zeigt sich, daß die lebenslange Freiheitsstrafe ganz überwiegend (in 1.856 Fällen, d.h. 96 %) wegen Mord verhängt wurde und sich eine verschwindend geringe Zahl der restlichen Verurteilungen auf folgende andere Straftatbestände verteilt:

§ 177 StGB (Vergewaltigung)
§ 178 StGB (sexuelle Nötigung)
§ 212 StGB (Totschlag)
§ 250 StGB (schwerer Raub)
§ 251 StGB (Raub mit Todesfolge)

Die Zahl der Strafgefangenen, die eine lebenslange Freiheitsstrafe verbüßen, blieb über die Jahre hinweg relativ konstant und liegt bei ca. 1.000 Personen (Drucksache 8/36 vom 27.9.77 des Rechtsausschusses des Bundestages, S. 5. Der von uns berechnete Mittelwert für den Zeitraum von 1961 - 1982 beträgt 977 mit den Extremwerten 859 und 1.084 laut Rechtspflegestatistik der Bundesrepublik). Die Konstanz dieser Zahl über die Jahre läßt sich darauf zurückführen, daß etwa in dem Maße 'Lebenslängliche' vorzeitig entlassen werden, wie neue Verurteilungen erfolgen.

Die Zahl der im Strafvollzug Verstorbenen betrug in einem 30-Jahreszeitraum (1945 - 1975) 137 Personen (Drucksache 8/36 vom 27.9.77 des Rechtsausschusses des Bundestages, S. 5). Bei der Verhängung der lebenslangen Freiheitsstrafe zeigen die Gerichte eine zunehmende Zurückhaltung, obwohl der § 211 StGB (Mord) diese Sanktion zwingend vorschreibt (vgl. ARZT 1978, S. 150, KREUZER 1977, S. 50 f. u. SESSAR 1980). Das Urteil des BVerfG zur lebenslangen Freiheitsstrafe aus dem Jahr 1977 hat darüberhinaus zu einer weiteren restriktiven Auslegung des Mordtatbestandes durch die Rechtsprechung geführt. So wird selbst bei Verurteilungen aufgrund des § 211 StGB nur in jedem dritten bis vierten Fall die lebenslange Freiheitsstrafe verhängt, wie die folgende Übersicht zeigt:

Abb. 4 Übersicht 4

Nach allgemeinem Strafrecht (StGB) Verurteilte und ihre Strafen in der Zeit von 1971-1974

Paragraph im StGB	lebenslange Freiheitsstr.			zeitige Freiheitsstr.		
	m	w	i	m	w	i
§ 211 (Mord)	222	6	228	479	36	515
§ 212 (Totschlag), § 213 (minder schwerer Fall von Totschlag)	6	0	6	933	123	1056

(Tabelle in Anlehnung an ARZT 1978, S. 155)[11]
m = männl., w = weibl., i = insgesamt

Diese 'Umgehung' der lebenslangen Freiheitsstrafe (SESSAR 1980) wird nun damit erklärt, daß der Unterschied im Unwert zwischen Totschlag (§ 212 StGB) und Mord (§ 211 StGB) den drastischen Sprung in der Rechtsfolge, d.h. der Strafdrohung (zeitige Freiheitsstrafe bei Totschlag bzw. lebenslange Freiheitsstrafe bei besonders schweren Fällen des Totschlags und lebenslange Freiheitsstrafe bei Mord) nicht rechtfertige und dies von den verhängenden Tatrichtern auch so perzipiert werde (ARZT 1978, S. 150). So umgehen Richter die Verhängung der lebenslangen Freiheitsstrafe durch die Möglichkeit, in Fällen des Mordversuchs die Strafe herabzusetzen, durch Anerkennung verminderter Schuld- bzw. Zurechnungsfähigkeit und durch Milderung der Strafe wegen Anerkennung des Teilnehmerstatus als Gehilfe (vgl. SESSAR 1980, S. 195 f.).

Die durch das BVerfG gebotene Notwendigkeit der einschränkenden Auslegung des Mordtatbestandes hat allerdings seit der Entscheidung des BVerfG zur lebenslangen Freiheitsstrafe im Jahr 1977 in der Spruchpraxis der Strafgerichte die Rechtsunsicherheit vermehrt und zu uneinheitlichen Auffassungen selbst bei den Strafsenaten des Bundesgerichtshofes (BHG) geführt, wobei die Erwägungen des BVerfG z.T. als unverbindliche Anregung begriffen werden, z.T. der restriktiven Auslegung der Mordmerkmale durch das BVerfG gefolgt wird, und im übrigen zum bisherigen Verständnis des Mordtatbestandes tendiert wird.

3.3. Kritik der lebenslangen Freiheitsstrafe

3.3.1. Zur verfassungsrechtlichen Problematik der lebenslangen Freiheitsstrafe

3.3.1.1. Verfassungsrechtliche Einwände gegen die lebenslange Freiheitsstrafe

Die Vereinbarkeit der lebenslangen Freiheitsstrafe mit den Normen des Grundgesetzes wurde vor allem unter folgenden Aspekten angezweifelt: Erstens sei die Androhung der lebenslangen Freiheitsstrafe in § 211 StGB (Mord) - dem Hauptanwendungsfall der lebenslangen Freiheitsstrafe - nicht mit dem Gleichheitsgrundsatz in Art. 3 Abs. 1 GG zu vereinbaren, da die dogmatische Abgrenzung von § 211 StGB (Mord) zu § 212 StGB (Totschlag) unscharf und daher wenig überzeugend ist und oft nur Nuancen in der Tatbegehung, der Zufall oder eine geschickte Verteidigungsstrategie während des Prozesses über Verhängung einer lebenslangen oder einer zeitlich begrenzten Freiheitsstrafe entscheiden. Diese Kritik bezieht sich also auf die Frage, ob und inwieweit die besonderen Qualifikationsmerkmale des Mordes eine derartige Ungleichbehandlung in den Rechtsfolgen (lebenslange vs. 5-10jährige zeitige Freiheitsstrafe) legitimieren können (vgl. hierzu RÖHL 1969, S. 182 ff.; UPPENKAMP 1972, S. 69 ff.; ERICHSEN 1976, S. 1726; HASSEMER 1976, S. 543; TRIFFTERER 1976, S. 92; Vorlegungsbeschluß des Landgerichts (LG) Verden, 1976, S. 981).

Aufgrund der unscharfen und daher unbefriedigenden Abgrenzung zwischen den Tatbeständen 'Mord' und 'Totschlag' wurde zweitens die Frage gestellt, ob eine solche Abgrenzung überhaupt mit jener Präzision möglich ist, wie sie das Bestimmtheitsangebot des Art. 103 Abs. 2 des Grundgesetzes (GG) für eine Bestrafung - in diesem Fall die Tatbestandsbestimmtheit betreffend - fordert (TRIFFTERER 1976, S. 92).

Drittens wurde angenommen, daß die gesetzliche Androhung einer lebenslangen Freiheitsstrafe gegen die in Art. 19 Abs. 2 GG verankerte Wesensgehaltsgarantie des in Art. 2 Abs. 2 Satz 2 GG gewährleisteten Rechts der Freiheit der Person verstößt, da 'Lebenslängliche' keinerlei Möglichkeit mehr haben, ihr Recht auf Freiheit zu realisieren (TRIFFTERER 1976, S. 92).

Viertens verstoße die Strafdrohung der lebenslangen Freiheitsstrafe in § 211 StGB gegen das Rechtsstaatsprinzip, da § 211 StGB keinen Strafrahmen zur Verfügung stelle.

Fünftens verstoße die lebenslange Freiheitsstrafe gegen das in Art. 1 Abs. 1 GG verankerte Verbot grausamer, unmenschlicher und erniedrigender und damit die Würde des Menschen antastender Strafen (zur verfassungsrechtlichen Diskussion vgl. RÖHL 1969, S. 153 ff.; FRIELINGHAUS 1971, S. 16 ff.; UPPENKAMP 1972, S. 68 ff.; MÜLLER-DIETZ 1972, S. 46 ff.; ERICHSEN 1976, S. 1721 ff.; TRIFFTERER 1976, S. 91 f.; Vorlegungsbeschluß LG Verden, 1976, S. 981 ff.).

Verfassungsrechtliche Einwände dieser Art hat nun das BVerfG in seiner Entscheidung vom 21.6.1977 mit ausführlichen Begründungen und Überlegungen zurückgewiesen.

3.3.1.2. Der Vorlagebeschluß des Landgerichts Verden zur lebenslangen Freiheitsstrafe

Die Diskussion um die lebenslange Freiheitsstrafe in der Bundesrepublik wurde durch den Vorlegungsbeschluß des LG Verden vom 5.3.1976 neu belebt, in dem das Gericht verfassungsrechtliche Bedenken äußerte, einen des Mordes überführten Angeklagten zu lebenslanger Freiheitsstrafe zu verurteilen (vgl. Vorlegungsbeschluß des LG Verden 1976). Da das Gericht davon ausging, daß die lebenslange Freiheitsstrafe für einen Mörder verfassungswidrig ist, wurde das Strafverfahren ausgesetzt und die Akte dem BVerfG zur Entscheidung vorgelegt, ob § 211 Abs. 1 StGB verfassungswidrig ist, insofern er bestimmt, daß der Mörder mit lebenslanger Freiheitsstrafe bestraft wird.

Das LG hielt die lebenslange Freiheitsstrafe für verfassungswidrig, da sie erstens gegen die Menschenwürde (Art. 1 Abs. 1 GG) verstoße. Die Menschenwürde würde dadurch verletzt, daß die lebenslange Freiheitsstrafe den Verurteilten ihrer Absicht nach auf Dauer aus der Gesellschaft ausschließe und dies zu Persönlichkeitsschäden führen würde.

Zweitens würde einem zu lebenslanger Freiheitsstrafe Verurteilten das allgemeine Freiheitsrecht (Art. 19 Abs. 2 i.V.m. Art. 2 Abs. 2 Satz 2 GG) durch die vollständige Beseitigung der Bewegungsfreiheit in einem solchen Maße entzogen, daß damit das Grundrecht der persönlichen Freiheit in seinem Wesensgehalt angetastet werde.

Drittens schließlich verstoße der § 211 Abs. 1 StGB gegen den Gleichheitsgrundsatz (Art. 3 Abs. 1 GG), da für Mord die lebenslange Freiheitsstrafe zwingend vorgeschrieben sei. Für Totschlag dagegen könne die Strafe gemäß § 212 StGB innerhalb eines Strafrahmens von 5 bis 15 Jahren variieren oder in besonders schweren Fällen die lebenslange Freiheitsstrafe verhängt werden. Eine derartige unterschiedliche Regelung sei jedoch nicht zu rechtfertigen, da sie einen Unterschied im Unrechtsgehalt zwischen Mord und Totschlag voraussetze, der nicht notwendigerweise in allen Fällen vorläge.

3.3.1.3. Das Bundesverfassungsgerichtsurteil von 1977 zur lebenslangen Freiheitsstrafe

Am 22. und 23.3.1977 führte das BVerfG eine Anhörung von 11 Sachverständigen (Strafrechtslehrer, Kriminologen, Psychiater, Vollzugspraktiker, Richter, Ministerialbeamte) zu folgenden

Fragebereichen durch (die Anhörung ist dokumentiert in JESCHECK/TRIFFTERER 1978):

1. Welche Schäden entstehen durch den Vollzug der lebenslangen Freiheitsstrafe? (Gutachter: BRESSER 1978, RASCH 1978, EINSELE 1978, STARK 1978)

2. Wie ist beim Mord die präventive Wirkung der lebenslangen Freiheitsstrafe einzuschätzen? (Gutachter: KAISER 1978, MÜLLER-DIETZ 1978)

3. Wie wirkt sich die tatbestandliche Ausgestaltung des § 211 StGB (Mord) aus? (Gutachter: JESCHECK 1978, ARZT 1978, BERTRAM 1978, STAIGER 1978)

4. Welche Vor- und Nachteile haben das bisherige Gnadenverfahren und eine etwaige gesetzliche Regelung der Strafaussetzung zur Bewährung hinsichtlich der zu lebenslanger Freiheitsstrafe verurteilten Mörder? (Gutachter: TRIFFTERER 1978, MÜLLER-DIETZ 1978 a)

Die Anhörung der Sachverständigen führte jedoch zu keinem eindeutigen Resultat. So wurden zur Frage der Haftschäden kontroverse Auffassungen geäußert. Obwohl die generalpräventive Wirkung der lebenslangen Freiheitsstrafe bei Mord nicht angezweifelt wurde, konnten keine empirischen Studien zu dieser Frage vorgelegt werden. Diese Strafsanktion sei jedoch von großer Bedeutung für die generelle Anerkennung des Tötungstabus durch die Gesellschaft. Zur Frage der tatbestandlichen Ausgestaltung des § 211 StGB (Mord) wurden Bedenken im Hinblick auf die Tatbestandsmerkmale der 'Heimtücke', der 'gemeingefährlichen Mittel' und der 'Verdeckungsabsicht' geäußert. Eine Mehrheit der Sachverständigen sprach sich jedoch für die Beibehaltung des § 211 StGB in seiner geltenden Form aus. In der Minderheit blieb indes die Auffassung, der Unterschied im Unrechts- und Schuldgehalt zwischen Mord und Totschlag sei nicht so gravierend, daß er den Sprung zur lebenslangen Freiheitsstrafe rechtfertigen könne. Nach Auffassung der Sachverständigen überwiegen bei Gnadenverfahren die Nachteile. So wurde besonders die unterschiedliche Handhabung in den verschiedenen Bundesländern, das bürokratische Verfahren und die Undurchschaubarkeit von Entscheidungen aufgrund des fehlenden Begründungszwangs kritisiert. Diese Unsicherheit würden eine Resozialisierung von 'Lebenslänglichen' erschweren.

Am 21.6.1977 entschied das BVerfG über die Vorlage des LG Verden. Die Entscheidung lautete in den Leitsätzen folgendermaßen (vgl. NJW 1977, S. 1525-1534):

1. Die lebenslange Freiheitsstrafe für Mord (§ 211 I StGB) ist nach Maßgabe der folgenden Leitsätze mit dem Grundsatz vereinbar.

2. Nach dem gegenwärtigen Stand der Erkenntnisse kann nicht festgestellt werden, daß der Vollzug der lebenslangen Freiheitsstrafe gemäß den Vorschriften des Strafvollzugsgesetzes und unter Berücksichtigung der gegenwärtigen Gnadenpraxis zwangsläufig zu irreparablen Schäden psychischer oder physischer Art führt, welche die Würde des Menschen (Art. 1 I GG) verletzen.

3. Zu den Voraussetzungen eines menschenwürdigen Strafvollzugs gehört, daß dem zu lebenslanger Freiheitsstrafe Verurteilten grundsätzlich eine Chance verbleibt, je wieder der Freiheit teilhaftig zu werden. Die Möglichkeit der Begnadigung allein ist nicht ausreichend; vielmehr gebietet das Rechtsstaatsprinzip, die Voraussetzungen, unter denen die Vollstreckung einer lebenslangen Freiheitsstrafe ausgesetzt werden kann, und das dabei anzuwendende Verfahren gesetzlich zu regeln.

4. Die Qualifikation der heimtückischen und der zur Verdekkung einer anderen Straftat begangenen Tötung eines Menschen als Mord gemäß § 211 II StGB verletzt bei einer an dem verfassungsrechtlichen Verhältnismäßigkeitsgrundsatz orientierten restriktiven Auslegung nicht das Grundgesetz.

(NJW 1977, S. 1525, Hervorh., C.L.)

Aus Pkt. 3 dieser Entscheidung geht nun klar hervor, daß der Gesetzgeber aufgefordert wird, eine gesetzliche Regelung zur Strafrestaussetzung bei lebenslanger Freiheitsstrafe einzuführen.

Gemäß dem Leitsatz 4 der Entscheidung stellt das BVerfG klar, daß die absolute Androhung der lebenslangen Freiheitsstrafe nur dann verfassungsrechtlich unbedenklich ist, wenn dem Strafrichter die Möglichkeit offenbleibt, in einem konkreten Fall zu einer Strafe zu kommen, die mit dem verfassungsrechtlichen Grundsatz der Verhältnismäßigkeit vereinbar ist. Daher ist nach dem BVerfG eine verfassungskonforme restriktive Auslegung des Mordtatbestandes geboten, die gewährleistet, daß keine Fälle erfaßt werden, die nicht das Merkmal der 'besonderen Verwerflichkeit der Tat' aufweisen. Das BVerfG postuliert damit quasi ein weiteres ungeschriebenes Mordmerkmal (zur Beurteilung des BVerfG-Urteils vgl. BECKMANN 1979a und die dort in Anm. 3 u. 4, S. 441 angeführte Lit.).

3.3.2. Humanitäre Bedenken gegen die lebenslange Freiheitsstrafe

Die humanitäre Kritik an der lebenslangen Freiheitsstrafe betrachtet diese Strafe als ein archaisches Relikt aus der Zeit des reinen Vergeltungsstrafrechts (vgl. MÜLLER-DIETZ 1972, S. 50 f. m.w.N.), dessen Sanktionen grausam, unmenschlich und erniedrigend und daher die Würde des Menschen verletzend waren.

3.3.3. Ziele des Strafvollzugs und die lebenslange Freiheitsstrafe

Bis zum Inkrafttreten des Strafvollzugsgesetzes (StVollzG) am 1.1.1977 wurde heftig diskutiert, ob der Vollzug der lebenslangen Freiheitsstrafe auch auf die Wiedereingliederung der zu lebenslanger Freiheitsstrafe Verurteilten und auf ein zukünftiges Leben in sozialer Verantwortung ohne Straftaten gerichtet sei (vgl. hierzu z.B. RÖHL 1969, S. 209 ff.; FEIGE 1972, S. 19 ff.; MÜLLER-DIETZ 1972, S. 79 ff.). Das Hauptargument lautete, daß sich der Strafausspruch 'lebenslang' nicht mit dem Wiedereingliederungsgedanken vereinbaren lasse. Der Vollzug könne seine eigentliche Aufgabe gar nicht wahrnehmen und sich allenfalls um die humane und erträgliche Gestaltung der Lebensbedingungen in der Vollzugsanstalt bemühen (vgl. MÜLLER-DIETZ 1972, S. 51 f. m.w.N.). Bei der lebenslangen Freiheitsstrafe würde es sich um die letzte Strafe handeln,

> "die auf die Resozialisierung des Täters verzichtet, und bedarf deshalb einer besonderen Rechtfertigung." (RÖHL 1969, S. 13 f.)

Das am 1.1.1977 in Kraft getretene StVollzG gilt nun mit einer einzigen Ausnahme - 'Lebenslänglichen' wird erst nach 10-jähriger Verbüßungszeit Urlaub gewährt (§ 13 Abs. 3 StVollzG) - in vollem Umfang auch für den Strafvollzug der lebenslangen Freiheitsstrafe. D.h. das Vollzugsziel der Resozialisierung (§§ 2, 3 StVollzG) gilt auch für 'Lebenslängliche'. Im Hinblick auf die besonders lange Haftzeit sind für 'Lebenslängliche' weiter folgende Regelungen im StVollzG von besonderer Bedeutung:

- Angleichung des Vollzugslebens an die Lebensverhältnisse in Freiheit
  (§ 3 Abs. 1)
- Entgegenwirken schädlicher Vollzugsfolgen
  (§ 3 Abs. 2)
- Förderung von Außenkontakten
  (§ 23 ff.)
- Lockerungen des Vollzugs wie Außenbeschäftigung, Freigang, Ausführung, Ausgang, Urlaub
  (§§ 11 ff.)
- Entlassungsvorbereitung
  (§§ 15, 16, 74)

3.4. Zur Gnadenpraxis bei der lebenslangen Freiheitsstrafe in der Bundesrepublik

Eine vorzeitige Entlassung aus der Strafhaft bei lebenslanger Freiheitsstrafe war im Gegensatz zur zeitigen Freiheitsstrafe bis zur Einführung der Regelung des § 57a StGB gesetzlich nicht geregelt und daher nur durch einen Gnadenakt möglich. In den Bundesländern besitzt der jeweilige Ministerpräsident und in den Stadtstaaten sowie im Saarland der Senat bzw. die Landesregierung als Kollegium dieses Begnadigungsrecht. Dem Wesen der Gnade entsprechend hat der zu lebenslanger Freiheitsstrafe Verurteilte keinen rechtlichen Anspruch darauf, vorzeitig aus dem Strafvollzug entlassen zu werden. Es existieren weiter keinerlei Richtlinien, die das Gnadenrecht von vornherein berechenbar machen, obwohl es durchaus systematische Überprüfungen von Einzelfällen gibt, um Gnadenerweise von Amts wegen vorzubereiten.

Der Umfang und die jeweilige Haftdauer bei vorzeitigen Entlassungen 'Lebenslänglicher' im Gnadenweg ergibt sich aus den folgenden Zahlen, die sich auf den Zeitraum zwischen 1945 und 1975 beziehen (vgl. Drucksache 8/36 vom 27.9.77 des Rechtsausschusses des Bundestages, S. 6 f.):

Abb. 5 Übersicht 5

Verbüßungszeiten und Begnadigungshäufigkeit in der Bundesrepublik zwischen 1945 und 1975

Verbüßungsdauer	Zahl der Begnadigungen	%
weniger als 10 Jahre	45	6
zwischen 10 und weniger als 12 Jahren	46	7
zwischen 12 und weniger als 15 Jahren	106	15
zwischen 15 und weniger als 20 Jahren	224	32
zwischen 20 und weniger als 25 Jahren	254	36
zwischen 25 und 30 Jahren	27	4
	Summe 702	100 %

D.h. nahezu zwei Drittel der begnadigten 'Lebenslänglichen' (32 % + 36 % = 68 %) wurden nach einer Verbüßungsdauer von 15 bis 25 Jahren entlassen.

Folgende Gnadengründe waren dabei vorherrschend (vgl. RÖHL 1969, S. 49 ff.; MÜLLER-DIETZ 1972, S. 72 ; KREUZER 1977, S. 52):

- Gesetzes- oder Rechtsprechungsänderungen (z.B. durch das Inkrafttreten des Jugendgerichtsgesetzes (JGG) von 1953, unterschiedliche Auslegung von Täterschaft und Teilnahme)

- rechtliche Zweifel (etwa ob Mord oder Totschlag vorlag)

- Besonderheiten der Tatumstände (Kriegs- oder Nachkriegszeit, außerordentliche Konfliktsituation, Tatbeitrag des Opfers)
- persönlichkeitsbezogene Gnadengründe (besonders lange Haftdauer, hohes Alter, Krankheit)

Für die verschiedenen Bundesländer ergaben sich laut Umfrage des BVerfG (NJW 1977, S. 1529) für die Begnadigungen von 'Lebenslänglichen' in der Zeit von 1945 bis 1975 folgende durchschnittliche Verbüßungszeiten:

Abb. 6 Übersicht 6

Durchschnittliche Verbüßungszeiten 'Lebenslänglicher' in den verschiedenen Bundesländern (1945-1975)

Bundesland	durchschnittliche Verbüßungszeit in Jahren (1945-1975)
Hamburg	ca. 16
Berlin	17.5
Baden-Württemberg	ca. 18
Bayern, Hessen, Niedersachsen, Bremen, Saarland, Schleswig-Holstein	20 - 21
Nordrhein-Westfalen	21 - 22
Rheinland-Pfalz	etwas über 22

Der Vergleich zwischen den verschiedenen Bundesländern zeigt deutlich, daß die Begnadigungspraxis in der Bundesrepublik sehr uneinheitlich ist. Weiter zeigt sich im Vergleich zu anderen (von der Rechtsstruktur her vergleichbaren) Ländern, daß die Begnadigungspraxis in der Bundesrepublik zu einer durchschnittlich längeren Haftzeit deutscher 'Lebenslänglicher' führt. So werden 'Lebenslängliche' z.B. in Großbritannien nach durchschnittlich 7 bis 11 Jahren, in Norwegen nach durchschnittlich 10 bis 11 Jahren, in Dänemark nach durchschnittlich 13 und in Schweden nach durchschnittlich 12 bis 14 Jahren begnadigt.

Auch die gesetzlich vorgeschriebenen Mindestverbüßungszeiten jener Länder, in denen die Entlassung 'Lebenslänglicher' gesetzlich geregelt ist, liegen nahezu alle unter den Haftzeiten, die 'Lebenslängliche' in der Bundesrepublik im Durchschnitt zu verbüßen haben. Die Mindestverbüßungszeiten betragen in Belgien 10, in Luxemburg, in der Schweiz und in Österreich 15 und als Ausnahme in Italien 28 Jahre. In den Niederlanden wird die lebenslange Freiheitsstrafe kaum mehr verhängt und wenn dies dennoch der Fall ist, wird sie nach einigen Haftjahren in eine zeitige Freiheitsstrafe umgewandelt. Es folgt dann eine Zweidrittel-Entlassung (vgl. zu diesen Angaben das stenograph. Protokoll der 85. Sitzg. des Rechtsausschusses des Bundestages vom 16.1.80, S. 27 f. Zur Behandlung 'Lebenslänglicher' im Ausland vgl. auch TRIFFTERER 1970a u. die bei WULF 1979, S. 282 angegebene Lit.).

Als Nachteile der Gnadenpraxis in der Bundesrepublik werden nun häufig folgende Punkte aufgeführt (vgl. hierzu TRIFFTERER 1978 u. MÜLLER-DIETZ 1978 a und die dort sowie bei WULF 1979, S. 283 angegebene Lit. Zur Fragwürdigkeit der Gnadenpraxis und Gnadenkompetenz vgl. auch BACHOF 1983):

- Der Zeitpunkt für die Einleitung eines Gnadenverfahrens ist nicht bundeseinheitlich fixiert und variiert stark zwischen den Bundesländern

- Gnadenentscheidungen werden von politischen Instanzen getroffen und können daher von wahltaktischen oder parteipolitischen Erwägungen beeinflußt werden

- Das bürokratische und schwerfällige Gnadenverfahren führt oft zu unzumutbaren Verzögerungen

- Da Gnadenentscheidungen keine Rechtsentscheidungen sind, müssen sie auch nicht begründet werden und nachprüfbar sein. D.h. Gnadenentscheidungen unterliegen keiner gerichtlichen Kontrolle und sind daher nicht justiziabel, da Gnade kein Recht ist.

- 'Lebenslängliche' und deren Rechtsbeistände haben nicht das Recht, Gutachter vorzuschlagen

- Es besteht kein Recht auf Akteneinsichtnahme oder Auskunft über das Verfahren

Als Vorteile des Gnadenverfahrens werden andererseits die Entscheidungs- und Gestaltungsfreiheit im Hinblick auf folgende Punkte genannt (vgl. MÜLLER-DIETZ 1978 a, S. 213 und DREHER 1976, S. 342):

- Zeitpunkt der Begnadigung
- Gründe der Begnadigung
- Dauer der Bewährungszeit
- Anordnung von Auflagen
- Widerrufsvoraussetzungen

Die flexible Handhabung dieser Punkte habe den Vorteil, fallbezogene und individuelle Entscheidungen treffen zu können (vgl. MÜLLER-DIETZ 1978 a, S. 214).

3.5. Die Einstellung der Bevölkerung gegenüber der Todesstrafe und der lebenslangen Freiheitsstrafe

Vom Institut für Demoskopie in Allensbach wurde über mehrere Jahre hinweg die Einstellung der Bevölkerung der Bundesrepublik Deutschland zur Todesstrafe erhoben (für Erhebungen, die sich nicht auf eine repräsentative Stichprobe der Bevölkerung der Bundesrepublik beziehen vgl. STEPHAN 1977 und KREUZER 1979). Dabei ergaben sich für die Frage

> "Sind Sie grundsätzlich für oder gegen die Todesstrafe?"

über die Erhebungsjahre verteilt folgende Zeitreihen, die der Graphik auf der folgenden Seite zu entnehmen sind (NOELLE-NEUMANN/PIEL 1983, S. 312):

Abb. 7 Schaubild 1

Einstellung der Bevölkerung in der Bundesrepublik zur Todesstrafe

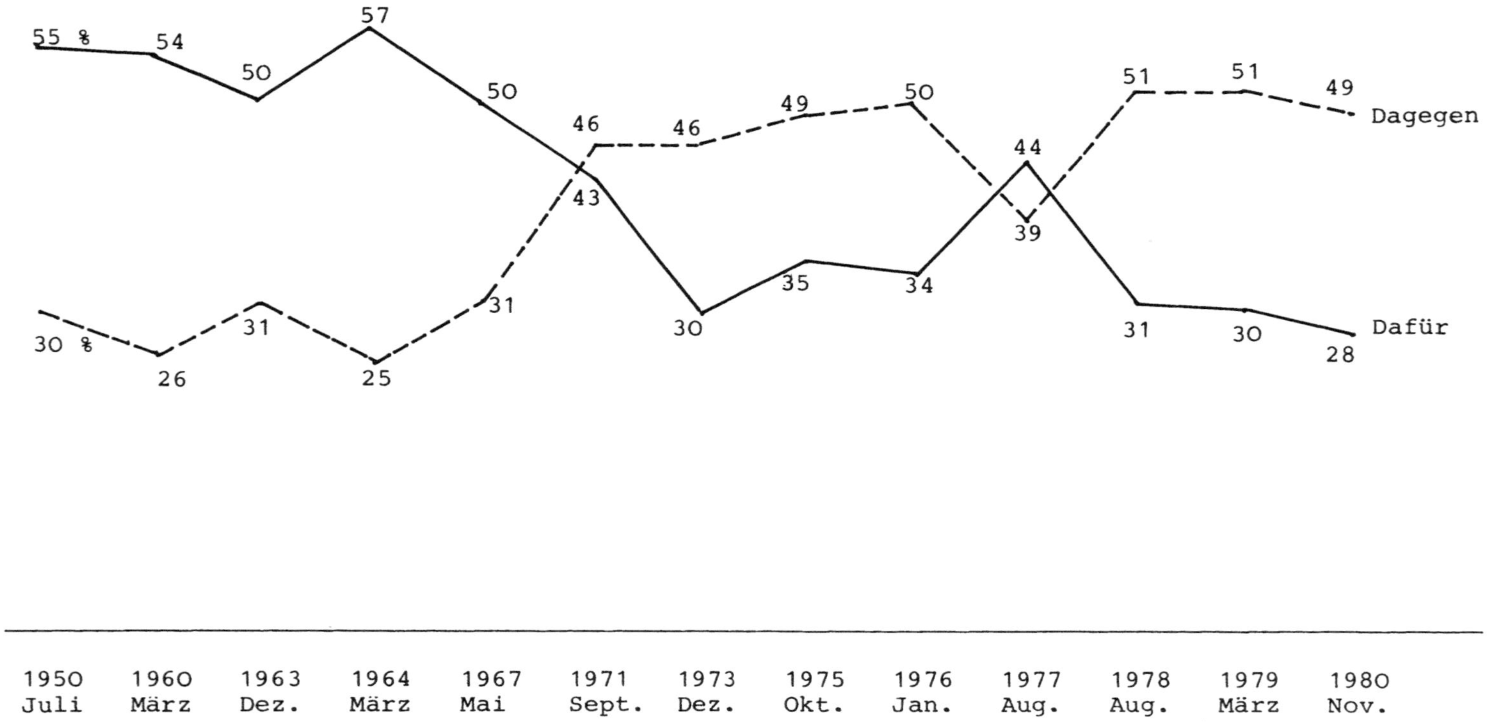

(aus: NOELLE-NEUMANN 1983, S. 312)

Bei Betrachtung dieser beiden Zeitreihen, zeigen sich zwei große gegenläufige Trends: Ein Abwärtstrend der Befürworter und ein Aufwärtstrend der Gegner dieser Sanktion (vgl. hierzu auch REUBAND 1975). Lediglich die Ergebnisse des Jahres 1977 fügen sich nicht diesen Trendverläufen und sind als 'Ausreißer' zu betrachten. Der überraschende und plötzliche Anstieg der Befürworter und die Abnahme der Gegner dieser Strafe im Jahr 1977 hängt vermutlich mit dem verstärkten Auftreten terroristischer Gewaltakte in der Bundesrepublik und der damit verknüpften Beunruhigung der Bevölkerung zusammen (vgl. hierzu auch STEPHAN 1977, S. 1066 f. u. KREUZER 1979, S. 428).

Leider wurde nun keine analoge Längsschnittstudie zur Einstellung gegenüber der lebenslangen Freiheitsstrafe durchgeführt. So liegt unseres Wissens nur eine repräsentative Untersuchung zu dieser Einstellung aus dem Jahr 1977 vor. Im Februar 1977 antworteten Personen einer repräsentativen bundesdeutschen Stichprobe auf die Frage

> "Manche Leute sagen: es ist unmenschlich, jemanden bis ans Ende seines Lebens ins Gefängnis zu sperren, egal, was er verbrochen hat. Man sollte deshalb die lebenslängliche Haft abschaffen. Sind Sie dafür, daß die lebenslängliche Haft bei uns als Strafe abgeschafft wird, oder soll lebenslänglich als Höchststrafe bleiben?"

folgendermaßen (NOELLE-NEUMANN 1977, S. 76):

Abb. 8 Übersicht 7

Einstellung der Bevölkerung zur lebenslangen Freiheitsstrafe im Jahr 1977

	Februar 1977				
	Lebenslänglich soll bleiben	Lebenslänglich abschaffen	Es sprachen sich spontan für die Todesstrafe aus	Unentschieden	
	%	%	%	%	%
Bevölkerung insgesamt	72	15	4	9	= 100
Männer	72	14	4	10	= 100
Frauen	71	16	3	10	= 100
ALTERSGRUPPEN					
16-29 Jahre	65	21	2	12	= 100
30-44 Jahre	76	12	5	7	= 100
45-59 Jahre	75	12	3	10	= 100
60 Jahre und älter	70	14	4	12	= 100
SCHULABSCHLUSS					
Volksschule	75	12	3	10	= 100
Höhere Schule	64	21	5	10	= 100

(aus: NOELLE-NEUMANN 1977, S. 76)

Nahezu drei Viertel (72 %) der Bevölkerung war also zu diesem Zeitpunkt (Februar 1977) - d.h. vor dem BVerfG-Urteil zur lebenslangen Freiheitsstrafe vom 21.6.77 - für die Beibehaltung der lebenslangen Freiheitsstrafe und nur 15 % für eine Abschaffung dieser Strafe. Auch dieses Verhältnis ließe sich möglicherweise auf die Verunsicherung durch terroristische Gewaltakte in dieser Zeit zurückführen.

4. Deskription des Gesetzgebungsprozesses

4.1. Inneres und äußeres Gesetzgebungsverfahren

Jedes Gesetzgebungsverfahren läßt sich in ein inneres und ein äußeres Gesetzgebungsverfahren unterteilen (vgl. hierzu HILL

1982, S. 62-95), wobei sich das innere auf die Methodik und das Vorgehen bei der gesetzgeberischen Entscheidungsfindung und das äußere auf den formalen Ablauf der Entstehung des Gesetzes bezieht.

Das innere Gesetzgebungsverfahren gliedert sich in folgende formell nicht geregelte Teilphasen:

(1) Problemerkenntnis und -definition
(2) Analyse der Ausgangssituation
(3) Ursachenanalyse
(4) Zieldefinition und -bewertung
(5) Analyse der gesetzlichen Möglichkeiten zur Zielerreichung
(6) Bewertung der Möglichkeiten anhand des Zielsystems
(7) Entscheidung und Begründung

Informationen zu diesen Phasen des inneren Gesetzgebungsverfahrens haben wir im Rahmen dieser Studie mit Hilfe von Experteninterviews sowie einer entscheidungstheoretisch orientierten Inhaltsanalyse erhoben.

Das äußere Gesetzgebungsverfahren gliedert sich in folgende Phasen:

(1) ministerielle Vorbereitung der Gesetzesentwürfe der Bundesregierung
(2) Einleitungs- oder Initiativverfahren
(3) Haupt- oder Beschlußverfahren
(4) Abschlußverfahren

Die Vorgehensweise in der Phase 1 wird durch die Vorschriften der Gemeinsamen Geschäftsordnung der Bundesministerien, Besonderer Teil (GGO II) und für die Phasen 2 bis 4 durch die Normen des Grundgesetzes vorgeschrieben. Die einzelnen Verfahrensschritte innerhalb der Phase 1 des äußeren Gesetzgebungsverfahrens werden durch das folgende Schaubild illustriert:

Abb. 9 Schaubild 2

Phasen der ministeriellen Vorbereitung von Gesetzesentwürfen der Bundesregierung
(= Phase 1 des äußeren Gesetzgebungsverfahrens)

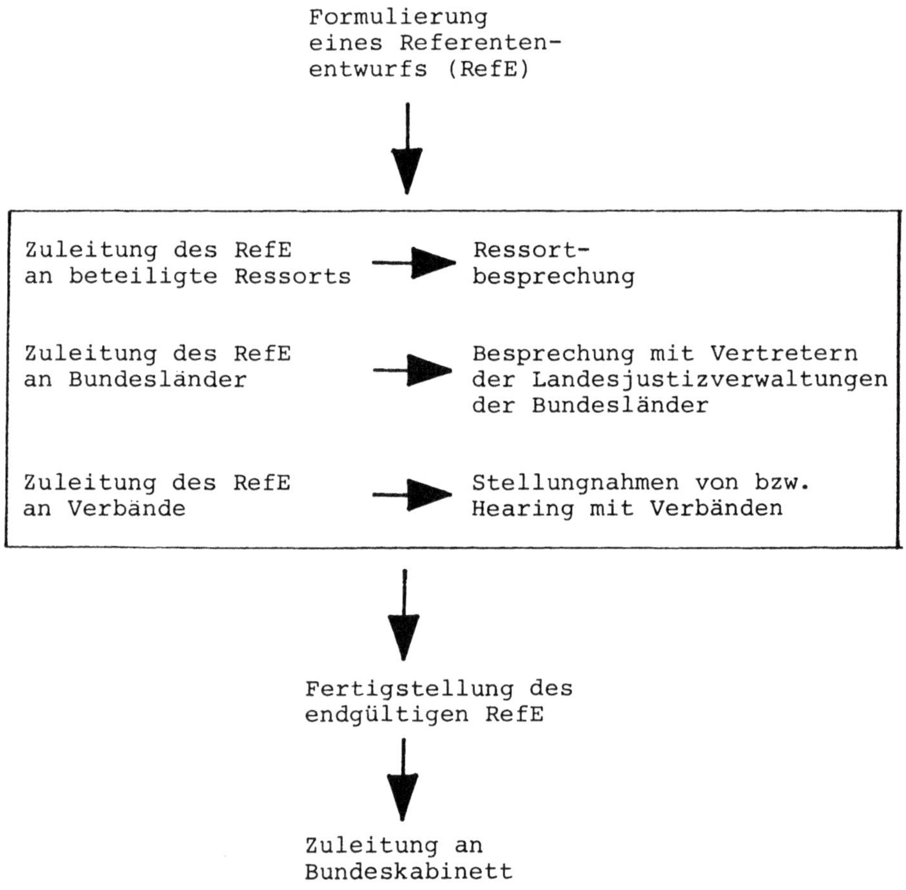

Die Phasen 2 bis 4 des äußeren Gesetzgebungsverfahrens werden durch folgendes Schaubild 3 illustriert:

Abb. 10 Schaubild 3
Ordentliches Gesetzgebungsverfahren

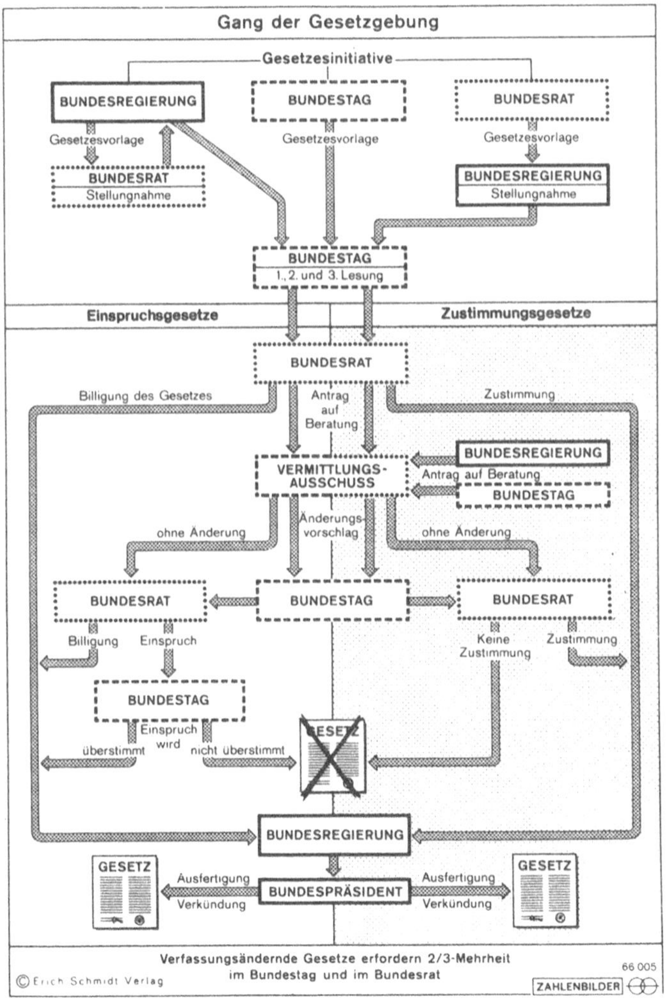

Einleitungs- oder Initiativverfahren

Haupt- oder Beschlußverfahren

Abschlußverfahren

(aus: HANDSCHUH 1982, S. 41)

Die Informationen über die Phasen 1 bis 4 des äußeren Gesetzgebungsverfahrens zum § 57a StGB wurden im Rahmen unserer Untersuchung ebenfalls durch Experteninterviews sowie mit Hilfe einer Dokumenten- und Inhaltsanalyse von Gesetzgebungsmaterialien (Bundesrats- und Bundestagsdrucksachen, Plenarprotokolle des Deutschen Bundestages sowie Protokolle des Rechtsausschusses des Bundestages) erhoben.

Die Rekonstruktion des formalen Ablaufs des ordentlichen Gesetzgebungsverfahrens (d.h. der Phase 2 bis 4 des äußeren Gesetzgebungsverfahrens) zum § 57a StGB befindet sich auf der folgenden Seite:

Abb. 11 Schaubild 4

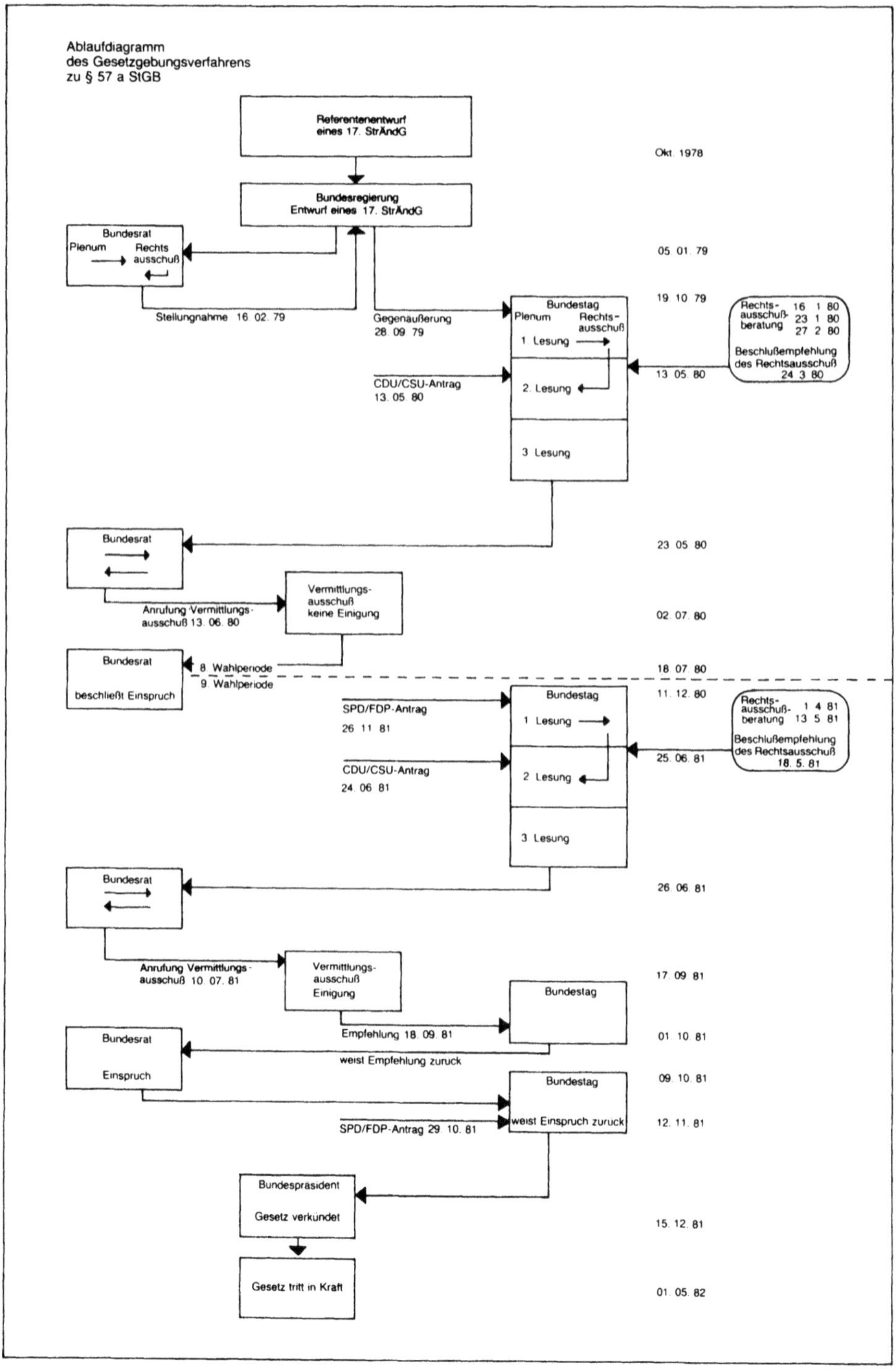

4.2. Die vorgeschlagenen Regelungsalternativen

Da bei der Darstellung der Ergebnisse unserer Experteninterviews und im Rahmen der Durchführung der entscheidungstheoretisch strukturierten Inhaltsanalyse die Details dieses Gesetzgebungsverfahrens ausführlich erläutert und diskutiert werden, wollen wir an dieser Stelle lediglich einen Überblick über die vorgeschlagenen Regelungsalternativen geben.

Die seit der Vorlage des Referentenentwurfs eines 15. StrÄndG im Jahre 1974 entbrannte kontroverse gesetzgeberische und rechtspolitische Diskussion einer gesetzlichen Regelung zur Strafaussetzung bei lebenslanger Freiheitsstrafe konzentrierte sich auf folgende Punkte (für einen Überblick zu diesem Gesetzgebungsverfahren vgl. KRÖKEL 1982, KUNERT 1982 und BECKMANN 1983):

1. Mindestverbüßungsdauer
2. Formulierung einer Prognoseklausel
3. Einführung zusätzlicher entlassungshemmender Kriterien (vgl. hierzu HAFFKE 1982):
   - die besondere Schwere der Schuld darf der Entlassung nicht entgegenstehen (vgl. hierzu MÜLLER-DIETZ 1983)
   - Die Verteidigung der Rechtsordnung darf der Entlassung nicht entgegenstehen
4. Dauer der Bewährungszeit
5. Dauer der Antragssperrfrist, vor deren Ablauf kein Neuantrag eines zu lebenslanger Freiheitsstrafe Verurteilten auf Entlassung gestellt werden kann

Die Übersicht 8 auf Seite 40 gibt einen Überblick darüber

- von welcher politischen Instanz
- zu welchem Zeitpunkt
- welche Regelungsalternative

im Verlauf dieses Gesetzgebungsverfahrens vorgeschlagen wurde.

Die Übersicht 8 ist folgendermaßen aufgebaut. Die Kopfzeile enthält die fünf oben erwähnten kontroversen Regelungsbereiche und darunter die jeweils spezifischen Regelungsvorschläge. In der ersten Spalte der Übersicht stehen die jeweiligen 'Quellen' dieser Vorschläge und die jeweilige Partei bzw. die Parteien, die diese Vorschläge unterbreiteten bzw. die in den jeweiligen Gremien aufgrund ihrer Mehrheit bei den Entscheidungen dominierten. Das Bundesministerium der Justiz (BMJ) stand damals unter sozialdemokratischer Führung. Da Angaben über das Abstimmungsverhältnis von Mitgliedern des Vermittlungsausschusses nicht zugänglich waren (Kurzprotokolle der Sitzungen des Vermittlungsausschusses werden erst nach 8 Jahren der Öffentlichkeit zugänglich gemacht), enthält die letzte Zeile, die sich auf die Beschlußempfehlung des Vermittlungsausschusses bezieht, keine Angaben über die Dominanz parteipolitischer Gruppierungen, sondern lediglich Angaben über die parteipolitische Zusammensetzung des Vermittlungsausschusses. Die Kreuze indizieren schließlich die jeweils vorgeschlagenen spezifischen Regelungen.

Abb. 12 Übersicht 8 Regelungsalternativen zu § 57a StGB

ENTWÜRFE	REGELUNGEN	Mindestverbüßungsdauer (in Jahren)				Formulierung der Prognose-Klausel			zusätzliche entlassungshemmende Kriterien		Bewährungszeit (in Jahren)			maximale Antragssperrfrist (in Monaten)			
		12 od. 15	15	18	20	'Verantwortungs'-Klausel	'Gewährs'-Klausel	'Wahrscheinlichkeits'-Klausel	Schuldschwere-Klausel	Verteidigung der Rechtsordnung	2-5	5	5-10	6	18	24	36
Referentenentwurf (1974)	BMJ (SPD)	X				X					X			X			
Referentenentwurf (1978)	BMJ (SPD)		X			X			X	X		X			X		
Regierungs-Entwurf (1979)	SPD/FDP		X			X			X	X		X			X		
Rechtsausschuß des Bundesrates (1979)	CDU/CSU				X		X		X	X			X				X
Rechtsausschuß d. Bundestages (1980)	SPD/FDP		X			X			X			X				X	
Änderungsantrag d. CDU/CSU-Frakt. i. Bundestag (1980)	CDU/CSU				X			X	X							X	
Rechtsausschuß des Bundesrates (1980)	CDU/CSU				X		X		X	X							X
SPD/FDP-Entwurf (1980)	SPD/FDP		X			X			X			X				X	
Rechtsausschuß d. Bundestages (1981)	SPD/FDP		X			X			X			X				X	
Änderungsantrag d. CDU/CSU-Frakt. i. Bundestag (1981)	CDU/CSU				X			X	X							X	
Vermittlungsausschuß (1981)	CDU/CSU 11 SPD 9 FDP 2			X		X			X			X				X	

Die im Rahmen des Gesetzgebungsverfahrens von politischen Gremien vorgeschlagenen Prognoseklauseln lauteten folgendermaßen (Hervorh., C.L.):

> "wenn verantwortet werden kann zu erproben, ob der Verurteilte außerhalb des Strafvollzugs keine Straftaten mehr begehen wird"
> ('Verantwortungs'-Klausel)

> "wenn die Gewähr besteht, daß der Verurteilte außerhalb des Strafvollzugs keine Straftaten mehr begehen wird"
> ('Gewährs'-Klausel)

> "wenn bei sorgfältiger Würdigung der Persönlichkeit des Verurteilten, seines Vorlebens, der Umstände seiner Tat, seines Verhaltens im Vollzug und seiner Lebensverhältnisse mit hoher Wahrscheinlichkeit zu erwarten ist, daß er in Zukunft ein gesetzmäßiges und geordnetes Leben führen wird"
> ('Wahrscheinlichkeits'-Klausel)

Andere im Rechtsausschuß des Bundestages diskutierte Formulierungen einer Prognoseklausel lauteten (Hervorh., C.L.):

> "wenn nicht zu befürchten ist, daß die durch die Tat angezeigte Gefährlichkeit fortbesteht und auch sonst verantwortet werden kann zu erproben, ob der Verurteilte außerhalb des Strafvollzugs keine Straftaten mehr begehen wird"
> (ENGELHARD-Klausel)

> "wenn gewährleistet ist, daß die durch die Tat angezeigte Gefährlichkeit nicht mehr besteht, und auch sonst verantwortet werden kann zu erproben, ob der Verurteilte außerhalb des Strafvollzugs keine Straftaten mehr begehen wird"
> (Richterbund-Klausel)

> "wenn keine Gefahr besteht, daß der Verurteilte erneut ein schweres Verbrechen begehen wird, und auch sonst verantwortet werden kann zu erproben, ob der Verurteilte außerhalb des Strafvollzugs keine Straftaten mehr begehen wird"
> (Formulierungshilfe des BMJ)

> "wenn kein Anlaß für die Befürchtung besteht, daß der Verurteilte erneut ein schweres Verbrechen begehen wird, und auch sonst verantwortet werden kann zu erproben, ..."
> (Formulierungshilfe des BMJ)

Da beide Formulierungshilfen vom Ministerialbeamten SCHNEIDER des BMJ stammen, werden wir im folgenden diese beiden Prognoseklauseln als 'SCHNEIDER'-Klauseln' bezeichnen.

Schließlich spielte in den Beratungen des Rechtsausschusses des Bundestages eine in die StPO einzuführende Formulierung zur Begutachtung von 'Lebenslänglichen' eine Rolle, deren Strafe ausgesetzt werden soll. Diese Formulierung lautete (Hervorh., C.L.):

> "Die Vollstreckung des Restes der lebenslangen Freiheitsstrafe darf das Gericht nur aussetzen, wenn es zuvor das Gutachten eines Sachverständigen über den Verurteilten, namentlich darüber eingeholt hat, ob keine Gefahr mehr besteht, daß dessen durch die Tat zutage getretene Gefährlichkeit fortbesteht."
> (Sachverständigen-Regelung der StPO)

4.3. Die am Gesetzgebungsverfahren beteiligten politischen Institutionen

4.3.1. Zur Rolle des Bundesjustizministerium

Das BMJ legte zweimal - 1974 und 1978 - jeweils einen RefE eines StrÄndG vor, der Regelungsvorschläge zur Strafaussetzung bei lebenslanger Freiheitsstrafe enthielt.

Informationen über die für das Gesetzesvorhaben relevanten Sachverhalte, d.h. über die jeweilige Gnadenpraxis und die Erfahrungen mit entlassenen 'Lebenslänglichen' beschaffte sich das BMJ über die Landesjustizverwaltungen der verschiedenen Bundesländer. Im Hinblick auf ausländische Regelungen und Erfahrungen wurde vom BMJ auch Rechtsvergleichung betrieben. Weiter führte der für dieses Gesetz zuständige Referent eine Vielzahl informeller Gespräche mit Experten, Sachverständigen und Betroffenen, d.h. 'Lebenslänglichen'.

Gemäß den Vorschriften der Gemeinsamen Geschäftsordnung der Bundesministerien - Besonderer Teil - (§ 24 GGO II), die die Unterrichtung und Beteiligung bundesweiter Fachkreise und Verbände an der Gesetzgebung vorsieht, wurde der Deutsche Richterbund, die Bundesrechtsanwaltskammer und die Gewerkschaft ÖTV um Stellungnahmen zum RefE von 1978 gebeten. Der RefE wurde von diesen drei Verbänden eingehend und unter Beteiligung von Ministerialbeamten des BMJ beraten und wurde dann von der damaligen Bundesregierung als Regierungsentwurf

1979 eingebracht.

4.3.2. Zur Beteiligung des Bundesrates

Gesetzesentwürfe der Bundesregierung sind zunächst dem Bundesrat zuzuleiten, der innerhalb von 6 Wochen Stellung nehmen muß. Auch im Bundesrat leisten die jeweiligen Ausschüsse den größten Teil der Arbeit. Im Rechtsausschuß des Bundesrates sitzen Ministerialbeamte der Landesjustizverwaltungen und Landesjustizministerien der Bundesländer und erarbeiten eine Stellungnahme zum Regierungsentwurf, auf die die Bundesregierung wiederum antworten muß.

Da es sich nun bei dem Gesetz zur Strafaussetzung bei lebenslanger Freiheitsstrafe nicht um ein zustimmungsbedürftiges Gesetz (zu den Kriterien für die Zustimmungsbedürftigkeit von Gesetzen vgl. SCHNEIDER 1982, S. 86 f.), sondern 'nur' um ein Einspruchsgesetz handelte, war dem Bundesrat von vornherein nicht die Möglichkeit gegeben, das bereits vom Bundestag beschlossene Gesetz durch Verweigerung seiner Zustimmung scheitern zu lassen. An dieser Stelle sei vermerkt, daß entgegen einer weit verbreiteten Auffassung, die Masse der Bundesgesetze, d.h. auch solche, die der Zustimmung durch den Bundesrat bedurften, nicht an der Zustimmung im Bundesrat gescheitert sind (SCHNEIDER 1982, S. 91).

Der Bundesrat rief in diesem Gesetzgebungsverfahren (da dies Gesetz in zwei Legislaturperioden beraten wurde) zweimal den Vermittlungsausschuß an und legte nach der Ablehnung des einzigen vom Vermittlungsausschuß vorgelegten Vorschlags durch den Bundestag Einspruch ein. Dieser Einspruch wurde jedoch in einer namentlichen Abstimmung des Bundestages zurückgewiesen, so daß das Gesetz schließlich in der vom Bundestag bereits beschlossenen Form in Kraft treten konnte.

4.3.3. Zur parlamentarischen Beratung

4.3.3.1. Die Beratung im Bundestagsplenum

Da das Gesetzgebungsverfahren wegen Ablaufs der 8. Wahlperiode nicht abgeschlossen werden konnte und das Gesetz damit der

Diskontinuität (vgl. hierzu z.B. SCHNEIDER 1982, S. 83 f.) zum Opfer fiel, war es erforderlich, dieses Gesetz in der 9. Wahlperiode wieder erneut als Entwurf einzubringen und wiederum in drei Lesungen im Bundestag zu beraten.

In den jeweils ersten Lesungen des Gesetzes im Bundestag (Oktober 1979 und Dezember 1980) fiel - wie es den Regelfall innerhalb der ersten Lesung darstellt - der Beschluß, den Gesetzesentwurf an den Rechtsausschuß der Bundestages zur Prüfung und Beratung zu überweisen.

Sowohl in der zweiten Lesung dieses Gesetzes in der 8. (Mai 1980), als auch in der zweiten Lesung in der 9. Wahlperiode (Juni 1981), in denen die einzelnen Vorschriften der jeweiligen Beschlußempfehlung des Rechtsausschusses des Bundestages beraten wurden, stellte die damalige CDU/CSU-Opposition Änderungsanträge (20-jährige Mindestverbüßungsdauer und 'Wahrscheinlichkeits'-Klausel) im Bundestagsplenum, mit denen sie im Rechtsausschuß unterlegen war bzw. die im Rechtsausschuß keine Aussicht auf Zustimmung hatten. Daß die Opposition in der zweiten Beratung Anträge stellt, mit denen sie im Rechtsausschuß und i.d.R. auch im Bundestagsplenum unterliegt, hat die Funktion, der Öffentlichkeit und damit dem Wähler zu demonstrieren, welche Politik die Opposition in den nichtöffentlichen - und dadurch vom Wähler nicht wahrnehmbaren - Rechtsausschußberatungen verfolgt (vgl. HANDSCHUH 1982, S. 82).

Auch die allgemeine Aussprache im Bundestagsplenum in der jeweils dritten Lesung des Entwurfs (Mai 1980 und Juni 1981), diente - auch hier dem Regelfall entsprechend - eher der Selbstdarstellung der Fraktionen vor der Öffentlichkeit und weniger der tatsächlichen Auseinandersetzung mit dem politischen Gegner wie sie z.B. im Rechtsausschuß stattfand. Ziel der Debatte innerhalb der dritten Lesung ist also eher die Rechtfertigung und Begründung der beabsichtigten Stimmabgabe durch die Fraktionen (HANDSCHUH 1982, S. 84 f.).

In der jeweils zweiten und dritten Lesung dieses Gesetzes wurden zum größten Teil die Argumente wiederholt, die bereits in den Beratungen des Rechtsausschusses formuliert worden waren.

4.3.3.2. Die Beratung im Rechtsausschuß des Bundestages

Das Gesetz zur Regelung der Strafaussetzung bei lebenslanger Freiheitsstrafe wurde sehr intensiv in mehreren Sitzungen des Rechtsausschusses des Bundestages beraten. Wie üblich verlagerte sich auch in diesem Gesetzgebungsverfahren der Großteil der parlamentarischen Arbeit an diesem Gesetz in einen Ausschuß des Bundestages, in diesem Fall in den Rechtsausschuß, der sich folgendermaßen zusammensetzte: je 12 Mitglieder der CDU/CSU- und der SPD-Fraktion und drei FDP-Mitglieder. Wie in vielen anderen Gesetzgebungsverfahren wurde die parlamentarische Hauptarbeit im Rechtsausschuß geleistet, an dessen nicht-öffentlichen Sitzungen auch Ministerialbeamte des BMJ teilnahmen, die für den RefE verantwortlich zeichneten.

Diese Beamten, die im Ausschuß die Aufgabe haben, den Regierungsentwurf zu erläutern und zu begründen, besitzen jedoch im Ausschuß weder Stimm- noch Antragsrecht. Ministerialbeamte helfen jedoch als sachverständige Berater den Rechtsausschußmitgliedern bei der Formulierung ihrer Vorstellungen durch sog. Formulierungshilfen. In diesem Gesetzgebungsverfahren wurden solche Formulierungshilfen vom BMJ in zwei Fällen erarbeitet. Die eine Formulierungshilfe bezog sich auf zwei alternative Formulierungsvorschläge (vgl. hierzu Abschnitt 4.2.) für eine Prognoseklausel (Rechtsausschußsitzung vom 23.1.1980). Die andere Formulierungshilfe bezog sich auf die Möglichkeit,bei Begehung geringfügiger Delikte nach einer Strafaussetzung die Bewährungszeit über die im Regierungsentwurf vorgesehenen 5 Jahre zu verlängern (Rechtsausschußsitzung vom 27.2.1980).

Die Nicht-Öffentlichkeit der Ausschußberatungen verstärkt natürlich die Beratungsintensität und Vertraulichkeit, was zur Folge hat, daß Meinungen ohne Rücksicht auf Interessen auch mal ins 'unreine' formuliert werden können und - ohne dauernd nach dem Wähler zu 'schielen' - ein Gedankenaustausch ungehindert möglich wird.

Zu Beginn der Beratung im Rechtsausschuß wird der Gesetzesentwurf vom Berichterstatter oder einem Regierungsvertreter zunächst erläutert. Darauf folgt eine allgemeine Aussprache über den Entwurf. Nach dieser allgemeinen Aussprache tritt der Rechtsausschuß in die Einzelberatung der Vorschriften ein, die mit Abstimmungen über die einzelnen Vorschriften endet.

Am Schluß der Beratungen wird über den durch die Einzelabstimmungen modifizierten Entwurf im ganzen abgestimmt. Nach Abschluß der Beratungen legt der Rechtsausschuß eine Beschlußempfehlung und der bzw. die Berichterstatter einen Bericht über den Verlauf und die Ergebnisse der Beratung vor, wobei auch die Auffassungen der im Ausschuß unterlegenen Minderheiten dargestellt werden.

Sämtliche an den Ausschuß herangetragenen Anregungen und Petitionen von Einzelpersonen und/oder Verbänden können von Rechtsausschußmitgliedern in die Beratung eingebracht werden. So wurde in diesem Gesetzgebungsverfahren z.B. eine Formulierung des FDP-Rechtsausschußmitglieds ENGELHARD für eine Prognoseklausel, die sich stark an einem Vorschlag des Deutschen Richterbundes orientierte, von der CDU/CSU aufgegriffen und als Antrag in die Beratung eingebracht, über den dann abgestimmt wurde (zur ENGELHARD- sowie Richterbund-Klausel vgl. Abschnitt 4.2.).

4.3.4. Zum Vermittlungsverfahren

Da sich die damaligen Mehrheitsverhältnisse im Bundestag und im Bundesrat unterschieden und die SPD/FDP-Mehrheit im Bundestag zweimal - da dies Gesetz in zwei Legislaturperioden beraten wurde - für einen Gesetzesentwurf gestimmt hatte, der den Vorstellungen der CDU/CSU-Mehrheit im Bundesrat nicht entsprach, wurde vom Bundesrat zweimal der Vermittlungsausschuß angerufen. Der Vermittlungsausschuß, eine Verfassungsinstitution, hat die Aufgabe bei zwischen Bundestag und Bundesrat umstrittenen Gesetzesvorhaben eine für Bundestag wie Bundesrat akzeptable Kompromißlösung zu finden.

Dieser Ausschuß setzt sich aus je 11 Mitgliedern des Bundestages sowie des Bundesrates zusammen. Von den 22 Mitgliedern gehörten damals 11 der CDU/CSU, 9 der SPD und zwei der FDP an. Die Mitglieder des Vermittlungsausschusses sind bei ihrer Entscheidung nicht an parteipolitische Weisungen gebunden, was insbesondere bedeutet, daß auch die Bundesratsmitglieder nicht an Weisungen ihrer Landesregierungen oder an die Meinung des Bundesrates gebunden sind.

Die Sitzungen des Vermittlungsausschusses sind vertraulich, d.h. nicht-öffentlich, um die Kompromiß- und Entscheidungsmöglichkeiten nicht zu behindern. Kurzprotokolle dieser Sitzungen sind - und auch dies nur eingeschränkt - erst nach Ablauf von 8 Jahren für die Öffentlichkeit zugänglich, was zu dem Einwand führt, dem Gesetzgebungsverfahren im Vermittlungsausschuß mangele es an der aus rechtsstaatlichen und demokratischen Gründen gebotenen Transparenz. Das Verschwiegenheitsgebot entzieht die Arbeit des Ausschusses also zugleich jeder Kontrolle.

In den nicht-öffentlichen Sitzungen dieses Gremiums konnte man sich nun in der 8. Legislaturperiode auf keine und in der 9. Legislaturperiode auf eine Beschlußempfehlung einigen, die eine Mindestverbüßungsdauer von 18 Jahren vorsah. Im Bundestag wurde dieser Einigungsvorschlag jedoch von allen drei Fraktionen abgelehnt. Da es sich bei dem Gesetz 'nur' um ein Einspruchsgesetz - wie bei fast allen Strafgesetzen - handelte, legte der Bundesrat nach Abschluß des Vermittlungsverfahrens zwar Einspruch gegen die vom Bundestag getroffene Entscheidung ein, der jedoch durch den Bundestag in namentlicher Abstimmung zurückgewiesen wurde.

Da also dies Gesetz nicht zustimmungsbedürftig durch den Bundesrat war und die damalige Gesetzgebungsmehrheit im Bundestag (SPD und FDP) ihre Auffassung auch gegen einen Vermittlungsvorschlag durchsetzen konnte, hatte das Vermittlungsverfahren nur eine geringe Bedeutung in diesem Gesetzgebungsprozeß.

5. Erhebungsmethoden

5.1. Experteninterviews

5.1.1. Argumente für die Durchführung von Interviews

Für ein Interview und damit gegen eine schriftliche Befragung sprechen folgende Argumente: Erstens kann bei einer schriftlichen Befragung nicht kontrolliert werden, wer den Fragebogen ausfüllt. Im Falle einer schriftlichen Befragung von Mitgliedern des Rechtsausschusses oder Ministerialbeamten kann also nicht kontrolliert werden, ob ein Mitglied oder ein Mitarbeiter (Assistent, Sekretärin) den Fragebogen ausfüllt. Selbst wenn die Person den Fragebogen selbst ausfüllt, ist der Einfluß anwesender Personen (z.B. Parteikollegen) nicht auszuschließen. Zweitens dürfte es aufgrund der fehlenden Anwesenheit eines Interviewers und der somit nicht vorhandenen Möglichkeit, die Antwortmotivation durch spezifische Techniken (vgl. zu diesen Techniken z.B. GORDEN 1975, S. 445 ff.) zu erhöhen, zu mehr Verweigerungen und damit zu einer niedrigeren Rücklaufquote kommen. Drittens besteht im Falle einer schriftlichen Befragung nicht die Möglichkeit, dem Befragten bei Unklarheiten oder Mißverständnissen durch Erläuterungen zu helfen und auf diese Weise die 'missing values' zu reduzieren. Viertens können Techniken der Erinnerungshilfe (z.B. durch Dokumente, Fotos, Zeitungsausschnitte oder andere Aufzeichnungen) bei retrospektiven Fragen nur schwer und nicht individuell differenziert im Rahmen einer schriftlichen Befragung eingesetzt werden. Fünftens läßt sich bei einer schriftlichen Befragung nicht die Reihenfolge kontrollieren, in der die Fragen beantwortet werden. Dies kann zur Folge haben, daß die Wahrnehmung unangenehmer und daher ans Ende des Fragebogens gestellter Fragen zur Verweigerung der gesamten Befragung führt. Weiter könnte die Nichteinhaltung der Reihenfolge dazu führen, daß Ausstrahlungseffekte nicht durch ablenkende Zwischenfragen reduziert werden können, da diese Zwischenfragen überblättert werden. Sechstens läßt sich bei einer schriftlichen Befragung nicht kontrollieren, ob Fragen vergessen werden. Siebtens sind die Möglichkeiten, die Validität von Antworten einzuschätzen, bei einer schriftlichen Befragung geringer als beim Interview, da sich die verbalen sowie nonverbalen Reaktionen innerhalb eines Interviews im Gegensatz zu einer schriftlichen Befragung direkt beobachten lassen und damit (wenn auch grobe) Rückschlüsse auf die Validität der gegebenen Antworten zulassen. Achtens bietet ein

Interview austauschtheoretisch betrachtet, mehr sowie differenziertere Möglichkeiten, den Befragten durch bestimmte verbale oder nonverbale Verhaltensweisen des Interviewers für die Teilnahme zu ent- bzw. belohnen als eine schriftliche Befragung.

5.1.2. Zur Konstruktion eines Interviewleitfadens für eine Expertenbefragung

Dem explorativ-deskriptiven Erkenntnisinteresse soll die Expertenbefragung anhand eines Gesprächsleitfadens dienen. Dieser Gesprächs- oder Interviewleitfaden ist erstens anhand der Durchsicht der für dieses Gesetz relevanten Materialien (alle Bundestags- sowie Bundesratsdrucksachen, Rechtsausschußprotokolle) sozusagen induktiv zu entwickeln. Zweitens sollten in die Formulierung des Leitfadens Gesichtspunkte eingehen, die sich an einem eher theoretisch strukturierten Ablauf- oder Einflußmodell der Gesetzgebung orientieren, das folgende Phasen (vgl. hierzu auch Abschnitt 4.1.) enthält[12]:

(1) Problemidentifikation
(2) Analyse der Ausgangssituation
(3) Ursachenanalyse
(4) Zieldefinition und -bewertung
(5) Analyse der Möglichkeiten zur Zielerreichung
(6) Bewertung der Möglichkeiten anhand des Zielsystems
(7) Entscheidung und Begründung

Als zu befragende Experten kommen dabei in Betracht:

- der zuständige Referent im BMJ
- Bundesjustizminister
- maßgeblich beteiligte Mitglieder des Rechtsausschusses sowie anderer beteiligter Ausschüsse des Bundesrates und Bundestages
- Berichterstatter[13] und Obleute[14] der beteiligten Ausschüsse

Die Fragen des Interviewleitfadens für die Experteninterviews, die sich auf die verschiedenen Phasen des Ablaufmodells der Gesetzgebung bezogen, lauteten folgendermaßen:

1. Problemerkenntnis

1.1. Seit wann wurde die Straf(rest)aussetzung für 'Lebenslängliche' im Rahmen von Gnadenverfahren als ein Problem betrachtet?

1.2. Wurde dies Problem vom Gesetzgeber selbst, d.h. z.B. auf ministerieller Ebene wahrgenommen oder kamen Hinweise auf dieses Problem von außerhalb (Strafvollzugspraxis, Betroffene, Wissenschaft)?

1.3 Welches waren die Auslöser für diese neue gesetzliche Regelung?

2. Analyse der Ausgangssituation

2.1. Wurden Sachverständige befragt und/oder Expertengespräche geführt?

2.2. Wurden 'Lebenslängliche', d.h. Betroffene gehört?

2.3. Wurden gezielt empirische Erhebungen und/oder Gutachten in Auftrag gegeben?

2.4. Welche Auffassung hat man sich über die Folgen langer Freiheitsstrafen gebildet (Haftschäden)?

3. Ursachenanalyse

3.1. Auf welche Ursachen wird das Auftreten des Problems der Straf(rest)aussetzung bei 'Lebenslänglichen' im Rahmen von Gnadenverfahren zurückgeführt?

4. Zieldefinition und -bewertung

4.1. Inwieweit verfolgten verschiedene Gruppierungen, d.h. Norminteressenten (BMJ, Parteien, Wissenschaft, Rechtsprechung, Verbände, Organisationen, Strafvollzugspraxis) verschiedene bzw. identische Ziele?

4.2. Über welche Ziele einer gesetzlichen Regelung bestand weitgehender Konsens und welche Ziele waren strittig?

4.3. Wie sah die Bewertung und Rangfolge von Zielen bei verschiedenen Gruppierungen aus?

4.4. Inwieweit hat das neue Strafvollzugsgesetz Einfluß auf diese neue gesetzliche Regelung bzw. deren Ziele gehabt?

5. Analyse der gesetzlichen Möglichkeiten zur Zielerreichung

5.1. Inwieweit hat man ausländische Regelungen und Erfahrungen berücksichtigt, d.h. Rechtsvergleichung betrieben?

5.2. Welche Möglichkeiten schieden aufgrund fehlender politischer Realisierbarkeit aus?

5.3. Inwieweit war die Öffentlichkeit, d.h. die Bevölkerung 'reif' für eine solche gesetzliche Regelung?

5.4. Inwieweit hat die Rechtstatsachenforschung bei der Analyse der Möglichkeiten zur Zielerreichung eine Rolle gespielt?

5.5. Welche Möglichkeiten schieden aufgrund der Bundesverfassungsgerichtsentscheidung (BVerfGE) aus bzw. wurden durch diese Entscheidung nahegelegt?

5.6. Stand das Gesetzgebungsverfahren unter besonderem Zeitdruck?

6. Bewertung der Möglichkeiten anhand des Zielsystems

6.1. Welche Auffassungen vertraten Organisationen, Verbände, Wissenschaftler, die Rechtsprechungspraxis hinsichtlich bestimmter gesetzlicher Regelungsalternativen bzw. Teilregelungen?

6.2. Welche Stellungnahmen waren hier besonders wichtig?

6.3. Welche Teilregelungen waren konsensfähig und welche nicht?

7. Entscheidung und Begründung

7.1. Welche Argumente für oder gegen eine bestimmte Teilregelung waren von besonderem Gewicht bei den Beratungen und/oder wurden häufig vertreten.

Die Antworten auf die Frage zur siebten und letzten Phase können dazu dienen, die im Rahmen der entscheidungstheoretisch strukturierten Inhaltsanalyse erhobene Argumente zu gewichten bzw. auf Argumente aufmerksam zu machen, die nicht in den zugänglichen Materialien und Protokollen enthalten sind.

5.1.3. Vorbereitung der Experteninterviews

5.1.3.1. Die Vorgespräche

Die Experteninterviews, die mit maßgeblich am Gesetzgebungsprozeß beteiligten Rechtspolitikern geführt werden sollten, wurden durch eine Reihe von informellen Vorgesprächen vorbereitet (zur Vorgehensweise bei Experteninterviews vgl. DEXTER 1970). Diese Vorgespräche hatten folgende Ziele: Erstens sollte das Forschungsprojekt und dessen Ziele dargestellt sowie die Auswahl des zu untersuchenden Gesetzes begründet werden. Zweitens sollten Kontakte zwischen dem Interviewer und potentiellen Interviewpartner der Hauptuntersuchung hergestellt werden. Drittens war es von Relevanz, eventuell vorhandenes Mißtrauen bzw. Vorurteile gegenüber der Institution der Universität Bremen abzubauen, von der die Studie durchgeführt wurde. Das vierte Ziel bestand darin, herauszubekommen, welche politischen Institutionen (Rechtsausschuß des Bundestages und des Bundesrates, BMJ, rechtspolitische Arbeitskreise der Parteien, Vermittlungsausschuß u.a.) und welche Personen maßgeblich und intensiv am Gesetzgebungsverfahren beteiligt waren. Fünftens sollten die Notwendigkeit und die Bedeutung sowie die Dauer und die Anonymität der Experteninterviews erläutert werden.

Da wir davon ausgingen, daß die Vorsitzenden bzw. stellvertretenden Vorsitzenden des Rechtsausschusses sowie der rechtspolitischen Arbeitskreise der Parteien und der für dieses Gesetz zuständige Referent im BMJ über die uns interessierenden Informationen bezüglich des Gesetzgebungsverfahrens verfügen, wurden diese Personen schriftlich um ein informelles

Vorgespräch gebeten.

Das Anschreiben, in dem diese Personen um einen Gesprächstermin gebeten wurden, enthielt folgende Informationen (vgl. zu diesen Punkten FRIEDRICHS 1973, S. 238):

- Gegenstand und Ziele der Studie
- Träger der Untersuchung
- Begründung der Auswahl der angeschriebenen Person/ Institution
- Zusicherung der Anonymität
- voraussichtliche Dauer der Gespräche

Aus verschiedenen Gründen (u.a. Terminprobleme, Reisen, keine Befassung mit dem Gesetz) sagten jedoch eine Reihe von den angeschriebenen Gesprächspartnern schriftlich oder telefonisch ab und es kam schließlich zu fünf Vorgesprächen in Bonn. Die Befragtengruppe dieser Vorgespräche setzte sich folgendermaßen zusammen:

Abb. 13 Übersicht 9

Zusammensetzung der Befragtengruppe der Vorgespräche

Person	politische Funktion	Partei
1	- Mitglied des Bundestages (MdB) - Mitglied des Rechtsausschusses des Bundestages (MdRA) - stellvertretender Vorsitz des rechtspolitischen Arbeitskreises der Fraktion	SPD
2	- MdB - MdRA - Berichterstatter im Rechtsausschuß (RA)	SPD
3	- MdB - MdRA - Vorsitz im RA	SPD
4	- MdB - MdRA - Vorsitz der rechtspolitischen Arbeitsgruppe der Fraktion	CDU
5	- Referent im BMJ	parteilos

Die durchschnittliche Dauer dieser Vorgespräche betrug eine Stunde. Alle Gespräche fanden in den Büros der befragten Personen statt. In allen Gesprächen waren nur der Interviewer und ein Gesprächspartner anwesend. Lediglich in einem Fall fand ein Dreiergespräch mit zwei Gesprächspartnern gleichzeitig statt (Person 1 und 2). Um den Vorgesprächen keinen formellen und streßverstärkenden Charakter zu verleihen, sondern die Gesprächssituation möglichst zwanglos und unverbindlich und unbelastend zu gestalten, wurden keine Tonband-, sondern nur schriftliche Aufzeichnungen während des Gesprächs gemacht. Alle Gesprächspartner zeigten sich kooperativ und der Interviewer hatte am Ende jedes Gesprächs den Eindruck, zu Beginn des Gesprächs eventuell bestehendes Mißtrauen abgebaut zu haben. Die Gespräche wurden im November und Dezember 1981 in Bonn geführt.

Die wichtigsten Ergebnisse dieser Vorgespräche lassen sich folgendermaßen zusammenfassen: Der Großteil der inhaltlichen Beratungen dieses Gesetzes fand im Rechtsausschuß des Deutschen Bundestages statt. Da im Rechtsausschuß eine starke Arbeitsteilung herrscht, d.h. bestimmte Mitglieder des Rechtsausschusses sich jeweils nur mit bestimmten Gesetzen, die in diesem Ausschuß beraten werden, beschäftigen, erschien es nicht sinnvoll, alle Mitglieder des Rechtsausschusses zu befragen. Stellvertretende Mitglieder im Rechtsausschuß beschäftigen sich nicht mit der beratenen Materie und haben lediglich die Funktion von 'Abstimmungsfeuerwehren', die bei Ausfällen ordentlicher Mitglieder zum 'Abstimmungseinsatz' kommen. Als maßgeblich am Gesetzgebungsverfahren zum § 57a StGB beteiligte Rechtsausschußmitglieder wurden in den Vorgesprächen von den Gesprächspartnern 3 - 5 Personen genannt.

Der Referentenentwurf zum § 57a StGB stammte aus der Feder eines Ministerialbeamten des Bundesjustizministeriums, der sich bereits im Rahmen der Vorgespräche sehr kooperativ verhielt und starkes Interesse an der Studie zeigte. Interessant ist die Tatsache, daß es bereits vor dem Bundesverfassungsgerichtsurteil von 1977 zur Vereinbarkeit der lebenslangen Freiheitsstrafe mit dem Grundgesetz im Bundesjustizministerium und innerhalb der SPD Vorüberlegungen und einen ersten Referentenentwurf (1974) zu einer gesetzlichen Regelung der Strafrestaussetzung bei lebenslanger Freiheitsstrafe gab. Ministerialbeamte nahmen auch an den Sitzungen des Rechtsausschusses des Bundestages teil. Als Hauptgesprächspartner im Bundesjustizministerum kam der Referent für dieses Gesetz infrage.

Obwohl sich der Vermittlungsausschuß zweimal mit diesem Gesetz beschäftigte, ist seine Funktion in diesem Gesetzgebungsverfahren von untergeordneter Bedeutung, da dieses Gesetz nicht zustimmungsbedürftig durch den Bundesrat war und die damalige Gesetzgebungsmehrheit im Bundestag - d.h. die SPD und FDP - ihre Auffassung auch gegen einen Vorschlag des Vermittlungsausschusses durchsetzen konnte. Als potentielle Gesprächspartner kamen hier die beiden Berichterstatter für die jeweiligen Vermittlungsverfahren, die dieses Gesetz betrafen, infrage.

Da der Bundesrat über die Vertreter, d.h. Ministerialbeamte der Landesjustizministerien der Bundesländer, die im Rechtsausschuß des Bundesrates sitzen, an diesem Gesetzgebungsverfahren beteiligt war, bot sich hier an, Kontakt mit den jeweiligen Landesjustizministerien aufzunehmen. Welche Landesjustizministerien hier besonders infrage kamen, war den Bundesratprotokollen zu entnehmen. Da es sich jedoch bei diesem Gesetz nur um ein Einspruchsgesetz handelte, waren die Einfluß- und Interventionsmöglichkeiten des Bundesrates in diesem Gesetzgebungsverfahren, verglichen mit denen des Bundestages, gering. Insofern war die Rolle des Bundesrates - ebenso wie die des Vermittlungsausschusses - von untergeordneter Bedeutung in diesem Gesetzgebungsverfahren.

5.1.3.2. Zur Auswahl von Regelungskonsequenzen sowie Bezugsgruppen und -institutionen

In den Experteninterviews sollten den Befragten erstens eine Reihe von Bezugsgruppen und -institutionen vorgegeben werden, um diverse Einflüsse auf den Gesetzgebungsprozeß und dessen Resultat zu lokalisieren. Zweitens sollte den Befragten eine Reihe von Regelungskonsequenzen vorgegeben werden, die während der Beratungen des Gesetzes von den verschiedenen Parteien und dem BMJ genannt worden waren. In den Experteninterviews sollten die Befragten die jeweilige Relevanz dieser Konsequenzen, die diese im Rahmen der Beratungen hatten, einschätzen.

Die Vorgabe von Regelungskonsequenzen bzw. Bezugsgruppen in Form von Kärtchen scheint aufgrund des Zeitintervalls zwischen den Beratungen (Anfang 1979 - Ende 1981) und dem Erhebungszeitpunkt der Experteninterviews (April - Juni 1982) sinnvoll zu sein, um die Beantwortung retrospektiver Fragen bezüglich der Einflüsse von Bezugsgruppen und der Relevanz von Konsequenzen zu erleichtern und Erinnerungsfehler zu minimieren (vgl. hierzu auch Abschnitt 5.1.4.4.).

Die Auswahl von Regelungskonsequenzen wurde erstens aufgrund einer Durchsicht der für dies Gesetzgebungsverfahren relevanten Bundestags- und Bundesratsdrucksachen sowie der entsprechenden Rechtsausschußprotokolle des Bundestages durchgeführt. Zweitens wurden in diese Liste auch solche Konsequenzen aufgenommen, die zwar nicht explizit in den Drucksachen oder Protokollen erwähnt wurden, von denen wir jedoch annahmen, daß sie möglicherweise eine Rolle spielen könnten (z.B. K_1, K_{14}, K_{15}).

Die Liste der Bezugsgruppen und -institutionen beruht auf Informationen, die erstens den Drucksachen und Protokollen zu diesem Gesetzgebungsverfahren und zweitens den Vorgesprächen zu entnehmen waren (z.B. B_1, B_4, B_5).

Auf den folgenden beiden Seiten befinden sich die Listen der Konsequenzen und der Bezugsgruppen und -institutionen.

Abb. 14 Übersicht 10

Liste der Regelungskonsequenzen

K_1 - Abbau inhumaner Strafen

K_2 - Respektierung der Menschenwürde im Strafvollzug

K_3 - Verminderung schwerwiegender Haftschäden

K_4 - Verdeutlichung des hohen Wertes des Rechtsgutes 'Leben'

K_5 - Wiedereingliederung des Verurteilten in die soziale Umwelt

K_6 - Vereinheitlichung der Gnadenpraxis

K_7 - Sicherung des Vertrauens der Bürger in die Rechtsordnung

K_8 - Ausreichender Schutz der Allgemeinheit

K_9 - Wirksame Verhinderung von Wiederholungstaten

K_{10} - Erfolgreiche Verhinderung von Delikten durch Abschreckung

K_{11} - Angemessene Berücksichtigung des Strafzumessungsgrundsatzes, demgemäß das Maß der Schuld die Strafe bestimmen soll

K_{12} - 'Verwischung' der Unterschiede zwischen zeitiger und lebenslanger Freiheitsstrafe

K_{13} - Anpassung an die Rechtslage in anderen europäischen Ländern

K_{14} - Verminderung öffentlicher Kritik

K_{15} - Demonstration von Reformbereitschaft

K_{16} - Anpassung der Rechtslage an das Rechtsbewußtsein

K_{17} - Veränderung des Schuld-Strafe-Verhältnisses durch die Tatsache, daß die Verhängung faktisch zeitiger Strafen für schwerste Delikte zur Folge hat, daß auch bei geringeren Delikten mildere Strafen verhängt werden

Abb. 15 Übersicht 11

Liste der Bezugsgruppen, -institutionen und -personen

B_1	- Gewerkschaften
B_2	- Berichte in den Medien über die lebenslange Freiheitsstrafe
B_3	- Protest von Bürgern gegen die lebenslange Freiheitsstrafe
B_4	- Katholische Kirche
B_5	- Deutscher Richterbund
B_6	- Bundesrat
B_7	- Entscheidung des BVerfG von 1977 über die Verfassungsmäßigkeit der lebenslangen Freiheitsstrafe für Mord
B_8	- Vollzugspersonal
B_9	- Angehörige der Opfer von Gewaltverbrechen wie Mord
B_{10}	- Gnadenpraxis anderer Länder
B_{11}	- Bevölkerung
B_{12}	- Zu lebenslanger Haft Verurteilte
B_{13}	- Empfehlungen des Europarats vom 13.08.1975 (Komitee für Kriminalitätsprobleme)
B_{14}	- Wissenschaftler, die sich gegen die lebenslange Freiheitsstrafe aussprechen
B_{15}	- Öffentliche Meinung
B_{16}	- Bestimmte Politiker
B_{17}	- Wählerschaft
B_{18}	- Bestimmte Bundesjustizminister
B_{19}	- Wissenschaftliche Forschungsergebnisse
B_{20}	- Bestimmte Richter wie z.B. BECKMANN
B_{21}	- Landesjustizministerien
B_{22}	- Evangelische Kirche

5.1.4. Zur Befragtengruppe

5.1.4.1. Die Zusammensetzung der Befragtengruppe

Die Gruppe der Personen, mit denen schließlich Experteninterviews geführt wurden, setzte sich folgendermaßen zusammen:

Abb. 16 Übersicht 12

Zusammensetzung der Befragtengruppe der Experteninterviews

Person	politische Funktion	Partei
6	- Mitglied des Bundesrats - Mitglied und Berichterstatter im Vermittlungsausschuß - Minister der Landesregierung	CDU
7	- Ministerialbeamter in einem Landesjustizministerium	SPD
8	- Bundesjustizminister	SPD
5	- Referent im BMJ	parteilos
9	- Leiter der Strafrechtsabteilung im BMJ	SPD
10	- MdB - MdRA	FDP
11	- MdB - MdRA - Mitglied und Berichterstatter im Vermittlungsausschuß	SPD
12	- MdB - MdRA - Vorsitz des rechtspolitischen Arbeitskreises der Fraktion	SPD

Das Anschreiben für die Experteninterviews war analog dem Anschreiben für die Vorgespräche aufgebaut (vgl. hierzu Abschnitt 5.1.3.1.).

Die Experteninterviews dauerten im Durchschnitt etwa eine Stunde (das kürzeste dauerte 45, das längste 90 Minuten). Alle Interviews wurden in den Büros der Befragten durchgeführt, wobei Tonbandaufzeichnungen gemacht wurden, die anschließend transkribiert wurden. Nur in einem Fall fand ein Dreiergespräch mit zwei Gesprächspartnern statt (Person 5 und 9), wobei eine Person (Person 9) am Interview aus Termingründen nur 60 Minuten teilnehmen konnte, der andere Gesprächspartner (Person 5) jedoch 90 Minuten befragt werden konnte. Auch bei den Experteninterviews hatte der Interviewer den subjektiven Eindruck großer Kooperativität der Gesprächspartner und das Gefühl, anfängliches Mißtrauen gegenüber dem Interviewer und der Studie abgebaut zu haben. Die Interviews wurden im April, Mai und Juni 1982 in Bonn, einer Landeshauptstadt und Berlin durchgeführt. Allen Gesprächspartnern wurde versprochen, ihnen ein Exemplar des Forschungsberichts zuzusenden. Einige fragten sogar von selbst nach einem solchen Bericht. Diese implizit an der sozialpsychologischen Theorie des sozialen Austauschs (EMERSON 1976) orientierte Maßnahme sollte den Charakter einer Belohnung in Form einer Gegenleistung für die Gesprächsbereitschaft haben (vgl. hierzu GALTUNG 1970, S. 148).

5.1.4.2. Repräsentativitätsprobleme

Repräsentativitätsprobleme ergeben sich im Rahmen der Experteninterviews in zweierlei Hinsicht. Erstens läßt sich nämlich nicht entscheiden, ob die Aussagen und Antworten der interviewbereiten maßgeblich am Gesetzgebungsprozeß beteiligten Personen repräsentativ für Aussagen nicht interviewbereiter Personen sind. Zweitens bleibt ungeklärt und unentscheidbar, ob die in Experteninterviews von den Interviewten formulierten Aussagen repräsentativ für andere Strafgesetzgebungsverfahren oder gar Gesetzgebungsverfahren generell sind.

Beide Probleme müssen wir bei der Auswertung der Experteninterviews gewissermaßen ständig 'im Hinterkopf haben', um unzulässige Generalisierungen zu vermeiden.

5.1.4.3. Das Problem der Interviewausfälle und -verweigerungen

Nicht alle um ein Interview gebetenen Personen bzw. Institutionen wie die Landesministerien kamen dieser Bitte nach. Die angegebenen Gründe für eine Nicht-Teilnahme sind der Übersicht 13 auf der folgenden Seite zu entnehmen.

Abb. 17 Übersicht 13

Angegebene Gründe für die Nicht-Teilnahme an Vorgesprächen und Experteninterviews

angegebene Gründe		Personen/Institutionen
Terminprobleme	G_1	zwei Rechtsausschußmitglieder der CDU/CSU
Es reicht aus, den Berichterstatter einer Fraktion zu befragen	G_2	Rechtsausschußmitglied der CDU/CSU
Die Inhalte der nicht-öffentlichen Sitzungen des Rechtsausschusses des Bundestages sollten nicht kurz nach der Verkündigung eines Gesetzes publiziert werden	G_3	Rechtsausschußmitglied der FDP
Argumente und Gegenargumente zum Gesetzgebungsverfahren lassen sich den Rechtsausschußprotokollen zuverlässiger als dem Gedächtnis entnehmen	G_4	Rechtsausschußmitglied der CDU/CSU
Es ist aus grundsätzlichen Erwägungen nicht möglich, über Meinungsbildung und Entscheidungsfindung der politisch verantwortlichen Stellen im Ministerium ein Informationsgespräch zu führen	G_5	Landesjustizministerium der CDU
Die Haltung des Ministeriums zum Gesetzgebungsverfahren läßt sich den veröffentlichten Bundesratsdrucksachen entnehmen	G_6	Landesjustizministerium der CSU

Aufgrund der uns zugänglichen Informationen läßt sich nun nicht entscheiden, ob dies die 'wahren' Gründe für eine Nicht-Teilnahme sind oder ob es sich um vorgeschobene Gründe handelt. So könnte z.B. hinter einigen der angegebenen Gründe (z.B. G_3 bis G_6) die Befürchtung unerwünschter Konsequenzen im Falle einer Teilnahme an einem Interview stehen. Mißtrauen und die Befürchtung unerwünschter Konsequenzen (z.B. in Form der Verwendung interner Informationen gegen politische Parteien, Institutionen und Personen) könnten dadurch aktualisiert werden, daß die 'linke' Universität Bremen als jene Institution perzipiert wird, die diese Untersuchung durchführt. Daß nun derartige Befürchtungen und Erwartungen besonders von CDU- bzw. CSU-Mitgliedern und CDU- bzw. CSU-geführten Landesjustizministerien aktualisiert wurden, halten wir für eine unbewiesene jedoch leider plausible Annahme, die die vergleichsweise geringe Interviewbereitschaft dieser Mitglieder bzw. Landesjustizministerien erklären könnte.

Die geringe Teilnahmebereitschaft von Unionsmitgliedern verstärkt eines der beiden im vorangegangenen Abschnitt erwähnten Repräsentativitätsprobleme. Da an den Experteninterviews nur ein CDU-Mitglied teilnahm, stellt sich nämlich das Problem, inwieweit die Antworten dieses Mitglieds repräsentativ für die Aussagen nicht-befragter maßgeblich am Gesetzgebungsprozeß beteiligter Unionsmitglieder sind, in verschärfter Form.

Betrachtet man die jeweiligen politischen Funktionen der Personen, mit denen Vorgespräche und Experteninterviews geführt wurden, zeigt sich, daß es - trotz erheblicher Zugangsprobleme - gelungen ist, Gespräche mit Personen zu führen, die erstens über viele Informationen bezüglich dieses Gesetzgebungsverfahrens verfügen und die zweitens wichtige und einflußreiche politische Funktionen im politischen Entscheidungssystem besetzen bzw. besetzten. Diesen Sachverhalt illustriert die Liste der politischen Funktionen der im Rahmen der Vorgespräche sowie der Experteninterviews befragten Personen:

Vorsitzende der
rechtspolitischen
Arbeitskreise der
CDU/CSU und SPD

Berichterstatter
des Rechtsausschusses
für die SPD-Fraktion

Bundesminister der Justiz

Referent für das Gesetz
im BMJ

Berichterstatter der
SPD und CDU/CSU im
Vermittlungsausschuß

Vorsitzende des
Rechtsausschusses

5.1.4.4. Zur Lösung des Problems retrospektiver Fragen

Wenn im Rahmen einer Befragung retrospektive Fragen gestellt werden, besteht immer die Gefahr, daß Erinnerungsfehler (E) auftreten (vgl. hierzu MOSS/GOLDSTEIN 1979). Ob nun bestimmte Ereignisse oder Sachverhalte erinnert bzw. richtig erinnert werden, hängt von folgenden Variablen ab (vgl. hierzu SUDMAN/BRADBURN 1974, Kap. 3 u. GORDEN 1975, S. 116):

1. Zeit (Z), die seit dem Ereignis bzw. Sachverhalt vergangen ist

2. Bedeutsamkeit (B) des Ereignisses bzw. des Sachverhalts

Führen wir nun zusätzlich zu diesen beiden, im Rahmen einer retrospektiven Befragung nicht manipulierbaren Variablen eine weitere Variable 'Erhebungsinstrument' (I) ein, die sich manipulieren läßt, so erhalten wir folgendes Modell für die Determinanten von Erinnerungsfehlern:

Abb. 18 Schaubild 5

Determinanten von Erinnerungsfehlern

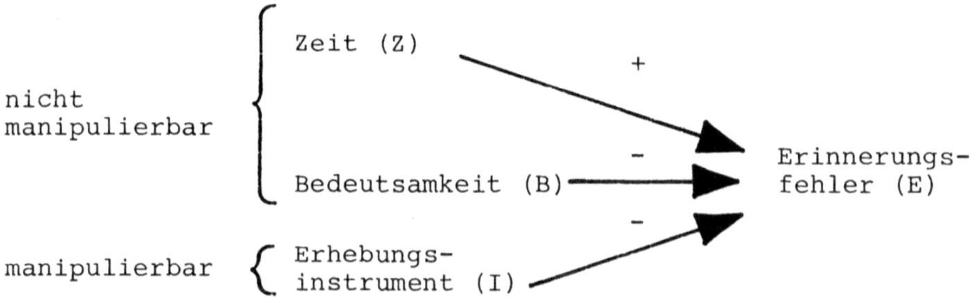

Die Häufigkeit bzw. Auftrittswahrscheinlichkeit von Erinnerungsfehlern dürfte nun in Abhängigkeit von der Zeit nicht linear, sondern *exponentiell* zunehmen (vgl. hierzu das exponentielle 'Erinnerungs'-Modell bei SUDMAN/BRADBURN 1974, S. 68). Die manipulierbare Variable 'Erhebungsinstrument' werden wir weiter unten noch in spezifische *Teil*instrumente oder Techniken $I_i,\dots,I_n$ 'zerlegen'. In der Variable I (bzw. $I_i,\dots,I_n$) besitzen wir also eine instrumentelle, d.h. manipulierbare Variable, mit deren Hilfe wir versuchen können, (in Bezug auf E) 'ungünstige' Einflüsse der nicht-instrumentellen Variablen Z und B kausal zu kompensieren.

Gehen wir die Variablenausprägungen der Variablen einmal der Reihe nach durch. Da das Zeitintervall zwischen den Beratungen dieses Gesetzes in den verschiedenen politischen Institutionen und Gremien (BMJ, Rechtsausschüsse des Bundesrats und Bundestags, Bundestagsplenum, Vermittlungsausschuß) und dem Erhebungszeitpunkt der Experteninterviews (April bis Juni 1982) relativ groß ist, hat die Zeitvariable Z relativ *hohe* und daher *ungünstige* Werte. Dagegen dürfte die Bedeutsamkeitsvariable B jedoch *hohe* und somit *günstige* Werte haben, wenn man bedenkt, daß dieses Gesetz sehr lange und ausführlich sowie äußerst kontrovers beraten wurde. Fassen wir kurz zusammen: Die Zeitvariable Z hat relativ *ungünstige*, da *hohe* Werte, die Bedeutsamkeitsvariable B hat dagegen *günstig hohe* Werte. Beide Variablen lassen sich nicht (mehr) beeinflussen. Die einzige noch manipulierbare Variable ist I, die nun so zu verändern ist, daß sie möglichst stark negativ auf die Zielvariable E wirkt.

Auf der Grundlage von Ratschlägen und 'technologischen' Empfehlungen, die sich innerhalb der Literatur zur Befragung finden, haben wir folgende Strategie bzw. Erhebungsformen eingesetzt, um den Wert der 'kritischen' Variable E zu vermindern.

I_1: Vorgabe von potentiellen Regelungskonsequenzen ($K_1,\ldots,K_{17}$) und Bezugsgruppen, -institutionen und -personen ($B_1,\ldots,B_{22}$) auf Kärtchen (vgl. SUDMAN/BRADBURN 1974, S. 68 u. KREUTZ/TITSCHER 1974, S. 46).

I_2: Graphische Darstellung des Gesetzgebungsablaufs in Form eines Schaudiagramms (vgl. SUDMAN/BRADBURN 1974, S. 80). Es handelte sich hier um das Schaubild 4.

I_3: Durchführung von Interviews (im Gegensatz zur schriftlichen Befragung) und damit Anwesenheit eines Interviewers, der dem Befragten bei der Erinnerung durch spezifische Nachfragen helfen kann (zur empirischen Bestätigung der Annahme, daß Interviews bessere Ergebnisse bei retrospektiven Fragen liefern als schriftliche Befragungen vgl. SUDMAN/BRADBURN 1974, S. 86 f.).

Unsere Überlegungen und Vorschläge zur Lösung des Problems retrospektiver Fragen lassen sich in folgendem Schaubild zusammenfassen:

Abb. 19   Schaubild 6

'Sozialtechnologisches' Modell zur Minimierung von Erinnerungsfehlern

Variable	Manipulierbarkeit	Variablenwert	Effekt auf E
Zeit (Z)	nein	relativ hoch	relativ ungünstig
Bedeutsamkeit (B)	nein	hoch	günstig
Erheb. instr. I_1 ⋮ I_3	ja	Einsatz	günstig

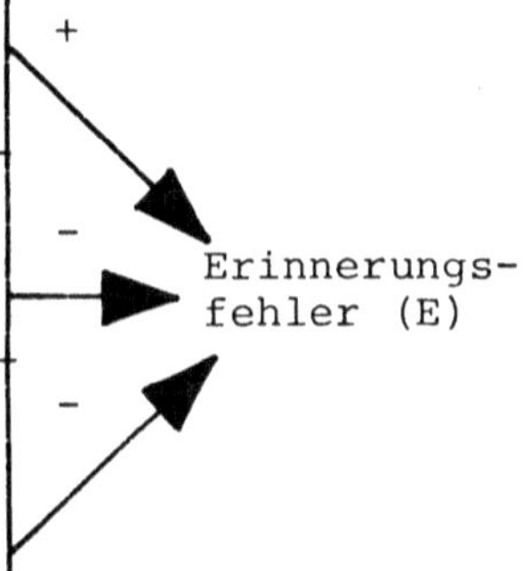

Wir vertreten also die Auffassung, daß sich, auch angesichts des besonders ungünstigen (weil exponentiellen) Einflusses von Z auf E, dieser Effekt durch einen relativ günstigen Wert von B sowie den Einsatz der Erhebungstechniken $I_1,...,I_3$ wenn auch nicht vollständig kompensieren, so doch zumindest reduzieren laßt.

5.1.5. Zur Auswertung der Experteninterviews

Im folgenden wollen wir die Auswertungsschritte erläutern, die die Experteninterviews durchliefen (für eine ähnliche methodische Vorgehensweise bei der Auswertung offener Interviews vgl. MÜHLFELD et al. 1981 u. WINDOLF 1979).

Erstens wurden die Tonbandaufzeichnungen der geführten Expertengesprache von zwei studentischen Hilfskräften transkribiert, d.h. abgeschrieben, wobei die Namen der jeweils sprechenden Interviewteilnehmer neben die Fragen und Antworten gesetzt wurden. Der zweite Schritt bestand in einer Kontrolle der Transkription auf Übertragungsfehler. Diese Kontrollphase erwies sich als besonders wichtig, da eine Reihe von z.T. sinnentstellenden Hör- und damit Übertragungsfehlern korrigiert werden mußten. In einem dritten Schritt wurden Interviewteile - d.h. hier Antworten der Gesprächspartner - die sich auf bestimmte Fragen des Interviewleitfadens (zu den Fragen vgl. Abschnitt 5.1.2.) bezogen, diesen Fragen zugeordnet, indem diese Teile zunächst angestrichen und in einem weiteren Durchgang ausgeschnitten und zusammengeklebt wurden. D.h. es wurden die Antworten verschiedener Personen auf die gleiche Frage hintereinandergeklebt. Diejenigen Interviewteile, die keinen Fragen (Frage 1.1., 1.2. usw.) oder Fragenbereichen (Fragebereich 1, 2, 3 usw.) zuzuordnen waren, da sie aus Wiederholungen, Versprechern, nebensächlichen sowie unter dem Gesichtspunkt des Interviewleitfadens irrelevanten Aussagen bestanden, machten einen sehr geringen Anteil aus. Der vierte 'informationskomprimierende' Auswertungsschritt bestand in sinngemäßen Zusammenfassungen der bestimmten Fragen zugeordneten Interviewteile. In einem fünften und letzten Auswertungsschritt wurden die jeweils einer bestimmten Frage zugeordneten Zusammenfassungen von Aussagen verschiedener Personen nach inhaltlicher 'Nähe' geordnet. Wenn also verschiedene Personen auf eine bestimmte Frage inhaltlich ähnliche oder identische Antworten gegeben hatten, wurden die entsprechenden Zusammenfassungen der Interviewteile dieser Personen hintereinander angeordnet.

5.1.5.1. Ergebnisse der Experteninterviews

Im folgenden stellen wir die Ergebnisse der von uns durchgeführten Experteninterviews dar. In die Experteninterviews haben wir nun auch solche Informationen 'eingebaut', die zwar nicht diesen Interviews zu entnehmen sind, sich jedoch auf die Fragen des Leitfadens beziehen und anderen (Literatur-) Quellen entnommen wurden. Eine derartige Kombination von Informationen scheint deshalb sinnvoll zu sein, da das Ziel unserer Studie u.a. darin besteht, eine möglichst umfassende und vollständige Deskription des Gesetzgebungsprozesses zu geben.

Die Informationen, die wir den Experteninterviews entnahmen, sind jeweils am Satzende durch folgende in Klammern gehaltene Abkürzungen gekennzeichnet:

BMJ = Bundesministerium der Justiz

LJM = Landesjustizministerium

RA = Rechtsausschuß des Deutschen Bundestages

Hinter die Abkürzungen 'RA' und 'LJM' haben wir zusätzlich die Partei geschrieben, der der entsprechende Interviewpartner angehörte.

5.1.5.1.1. Zur Problemerkenntnis und -definition

1.1. Seit wann wurde Entlassung von 'Lebenslänglichen' als Problem betrachtet und seit wann war die Strafrestaussetzung für 'Lebenslängliche' im Gespräch?

Im Rahmen des StGB-Entwurfs von 1962 (E 1962) hat sich die beim BMJ gebildete Große Strafrechtskommission noch nicht mit diesem Problem beschäftigt, da sich ihr Referent damals gegen die Einbeziehung der lebenslangen Freiheitsstrafe in das Institut der bedingten Entlassung aussprach. Interessanterweise waren jedoch ein von Strafrechtslehrern verfaßter Gegenentwurf von 1911 sowie ein überarbeiteter Kommissionsentwurf von 1919 für die Ausdehnung der bedingten Entlassung auf die lebenslange Freiheitsstrafe.

Der von 14 Strafrechtslehrern formulierte Alternativentwurf eines Strafgesetzbuchs - Allgemeiner Teil - von 1966 (AE 1966) sah die Möglichkeit einer fakultativen (Kann-Vorschrift) Strafrestaussetzung für 'Lebenslängliche' nach einer Mindestverbüßungsdauer von 15 Jahren und einer positiven Sozialprognose ('Verantwortungs'-Klausel, die nahezu identisch mit der Prognoseklausel des geltenden § 57 StGB war) vor. Weiter wurde eine Bewährungszeit von 2 bis höchstens 5 Jahre vorgeschlagen. Diesem Vorschlag des AE folgte dann auch die Strafvollzugskommission im Jahr 1971.

Im Sonderausschuß des Deutschen Bundestages für die Strafrechtsreform (1966 - 1969) hat man sich im Rahmen der Beratungen des ersten und zweiten Strafrechtsreformgesetzes (StrRG) mit diesem Thema befaßt und kam zu dem Ergebnis, daß die Entlassung von 'Lebenslänglichen' nur auf dem Gnadenweg möglich sein solle und eine Einbeziehung der lebenslangen Freiheitsstrafe in das System der bedingten Entlassung abzulehnen sei. Von den Bundestagsfraktionen setzte sich lediglich die FDP für eine Strafrestaussetzung bei 'Lebenslänglichen' ein, während die SPD nur den Gnadenweg zulassen wollte. So wurde der Vorschlag der FDP-Abgeordneten DIEMER-NIKOLAUS, eine der Regelung des AE 1966 entsprechenden Vorschrift zur Strafaussetzung bei lebenslanger Freiheitsstrafe ins Gesetz aufzunehmen, vom Sonderausschuß am 23.1.1969 mit einer Gegenstimme abgelehnt. Auch der Vertreter des BMJ sprach sich damals gegen diesen Vorschlag aus. Bei der Beratung des 2. StrRG im Bundestag stellte die FDP-Fraktion am 7.5.1969 den Antrag, eine dem AE 1966 entsprechende Vorschrift zur bedingten Entlassung 'Lebenslänglicher' einzuführen, der jedoch abgelehnt wurde. Der Sonderausschuß kritisierte jedoch die uneinheitliche Gnadenpraxis der verschiedenen Bundesländer und forderte das BMJ auf, bei den Ländern auf eine Angleichung der Gnadenpraxis hinzuwirken.

Auf dem 48. Deutschen Juristentag 1970 sprach man sich zwar noch gegen eine bedingte Entlassung 'Lebenslänglicher' aus, forderte jedoch den Gesetzgeber, die Gnadeninstanzen und die Vollzugsbehörden auf, sich unverzüglich der ungelösten Probleme der lebenslangen Freiheitsstrafe anzunehmen. Interessant ist hier wiederum, daß sich der 31. Deutsche Juristentag bereits 1931 für eine vorläufige Entlassung auch 'Lebenslänglicher' aussprach.

Das erste Mal hat sich das BMJ mit diesem Problem befaßt, als es unter der Leitung von Bundesjustizminister JAHN (SPD) stand, und dieser 1973 seine Rede zur 1. Lesung des Entwurfs eines StVollzG im Bundestagsplenum hielt (vgl. Bundestags-Protokoll der 58. Sitzung vom 19.10.1973, S. 3366) und in diesem Zusammenhang eine gesetzliche Regelung zur Entlassung von 'Lebenslänglichen' ansprach (BMJ). Im Anschluß daran kamen Rechtspolitiker der FDP und SPD in Gesprächen mit dem

Bundesjustizminister überein, eine derartige Regelung alsbald in Angriff zu nehmen (vgl. 'recht' 8/1974 vom 23.1.74). Daraufhin wurde 1974 im BMJ ein erster Referentenentwurf im Rahmen eines 15. StrÄndG formuliert (BMJ). 1974 sprachen sich also Rechtspolitiker sowohl der FDP, als auch der SPD - d.h. beider Regierungsfraktionen - für eine baldige Erarbeitung einer solchen gesetzlichen Regelung aus.

Dieser RefE von 1974 sah eine fakultative (Kann-Vorschrift) Entlassung 'Lebenslänglicher' nach 12 oder 15 Jahren Mindestverbüßungszeit und bei einer günstigen Sozialprognose ('Verantwortungs'-Klausel des geltenden § 57 StGB) vor. Die Bewährungszeit sollte 2 bis 5 Jahre und die Sperrfrist, vor deren Ablauf kein Neuantrag auf Entlassung gestellt werden kann, sollte höchstens 6 Monate betragen. In der Entwurfsbegründung wurde darauf hingewiesen, daß eine Entlassung versagt werden könne, wenn Aspekte der Generalprävention oder der Verteidigung der Rechtsordnung dies "angezeigt erscheinen lassen" (RefE 1974, Begründung, S. 12). Der Entwurf enthielt auch keine Schuldschwere-Klausel.

Dieser Entwurf wurde den Ländern 1974 zugeleitet, aber die Absicht, ihn noch vor der parlamentarischen Sommerpause im Bundeskabinett zu behandeln, wurde nicht realisiert. Der Entwurf erfuhr von den Landesjustizverwaltungen der Bundesländer überwiegend Ablehnung und wurde nicht mehr weiter verfolgt. Daß dieser Entwurf nicht mehr weiter verfolgt wurde, hängt möglicherweise damit zusammen, daß eine Reihe terroristischer Gewaltverbrechen, die in dieser Zeit in der Bundesrepublik verübt wurden und die das Sicherheitsbewußtsein der Bevölkerung stark erschütterten, Rechtsänderungen zugunsten von Tötungsdelinquenten und damit 'Lebenslänglichen' politisch nicht opportun erscheinen ließen (vgl. hierzu DREHER 1976, S. 326).

Im Oktober 1978 - d.h. fast eineinhalb Jahre nach der BVerfG-Entscheidung vom 21.6.1977 - legte das BMJ den Referentenentwurf eines 17. StrÄndG vor, der Regelungen für eine obligatorische (Muß-Vorschrift) Strafaussetzung bei lebenslanger Freiheitsstrafe enthielt. Dieser Referentenentwurf (RefE 1978) sah eine Entlassung für 'Lebenslängliche' nach einer 15-jährigen Mindestverbüßungszeit vor, sofern eine günstige Sozialprognose ('Verantwortungs'-Klausel des § 57 StGB) gestellt werden könne und nicht die besondere Schuldschwere oder die Verteidigung der Rechtsordnung eine weitere Vollstreckung der lebenslangen Freiheitsstrafe erforderlich mache. Weiter sah der Entwurf eine 5-jährige Bewährungszeit und eine Antragssperrfrist von maximal 18 Monaten vor. Dieser Referentenentwurf wurde dann am 5.1.1979 beim Bundesrat als Gesetzesentwurf eines 17. StrÄndG von der damaligen Bundesregierung (SPD/FDP-Koalition) als Regierungsentwurf eingebracht.

1.2. Wurde dies Problem vom Gesetzgeber selbst, d.h. z.B. auf ministerieller Ebene wahrgenommen oder kamen Hinweise auf dieses Problem von außerhalb (Strafvollzugspraxis, Betroffene, Wissenschaft)?

Schon vor der BVerfGE von 1977 zur Vereinbarkeit der lebenslangen Freiheitsstrafe mit dem Grundgesetz kamen viele Anstöße von 'außen', d.h. wurden ans BMJ herangetragen, die sich auf die Probleme bezogen, die die Uneinheitlichkeit des Gnadenrechts zur Folge hatte. Diese Hinweise und Anstöße kamen z.B. vom Vollzugspersonal (BMJ). Auch innerhalb der zuständigen Abteilung und der Leitung des BMJ gab es vor 1977 schon Überlegungen, die sich auf die unbefriedigende Situation der 'Lebenslänglichen' bezogen (BMJ).

Im Bundesland Hessen führte die Beobachtung, daß Ministerpräsidenten gleicher Parteizugehörigkeit im benachbarten Bundesland eine unterschiedliche Gnadenpraxis durchführten, d.h. 'Lebenslängliche' unterschiedlich entließen, zu einem Problembewußtsein in der zuständigen Abteilung des Landesjustizministeriums. Daraufhin brachte dieses Bundesland im Bundesrat 1973 im Rahmen des Einführungsgesetzes zum Strafgesetzbuch (EGStGB) eine eigene Gesetzesvorlage zur Strafaussetzung bei 'Lebenslänglichen' ein, die jedoch mit einem Stimmenverhältnis von 1:10 im Bundesrat abgelehnt wurde (LJM-SPD). Der von Hessen vorgelegte Entwurf enthielt folgende Teilregelungen:

- Mindestverbüßungsdauer 15 Jahre
- Prognoseklausel:
  "wenn zu erwarten ist, daß der Verurteilte künftig keine Straftaten mehr begehen wird"
- Einwilligung des Verurteilten
- Bewährungszeit 5 Jahre
- Antragssperrfrist: maximal 1 Jahr

In einem anderen Bundesland - Schleswig-Holstein - wurde die Diskussion um dieses Problem aufgrund spektakulärer Begnadigungsverfahren und einem Wiederaufnahmefall verstärkt und erörtert, ob nicht eine Rechtslösung einer Gnadenlösung vorzuziehen sei, wobei sich eine sehr engagierte politisch-humanitäre Diskussion ergab (LJM-CDU).

1.3. Welches waren die Auslöser für diese neue gesetzliche Regelung?

Obwohl der damalige Bundesjustizminister JAHN (SPD) mit seiner Rede zum Strafvollzugsgesetz, die er im Oktober 1973 im Bundestagsplenum hielt, innerhalb des Bundesjustizministeriums als Initiator dieses Gesetzes betrachtet wird, stellt die BVerfGE von 1977 in der Perzeption aller befragten Personen den eigentlichen Auslöser für dieses Gesetzgebungsverfahren dar. Anstoß für dies Gesetzgebungsverfahren war eindeutig das BVerfG-Urteil von 1977 und weniger die Reformfreude, die eher schon am abnehmen war (RA-SPD). Die SPD hat bis zur BVerfGE 1977 gewartet, bis ein Gesetzesentwurf im Bundestag eingebracht wurde. Die Bundesregierung wurde nach dem BVerfG-Urteil von der SPD-Fraktion des Deutschen Bundestages aufgefordert, einen Gesetzesentwurf zu formulieren und einzubringen (RA-SPD).

Neben diesem 'Hauptauslöser' hat im Bundesjustizministerium auch die Wahrnehmung der Uneinheitlichkeit der bisherigen Gnadenpraxis mit ihren überwiegend hohen und damit resozialisierungsfeindlichen Durchschnittsverbüßungszeiten (Durchschnittsverbüßungsdauer 1973/74: ca. 20 Jahre) eine Rolle gespielt (BMJ).

5.1.5.1.2. Zur Analyse der Ausgangssituation

2.1. Wurden Sachverständige befragt und/oder Expertengespräche geführt?

Das BMJ beauftragte in diesem Gesetzgebungsverfahren keine Gutachter, sondern der für dieses Gesetz zuständige Referent im BMJ machte sich gewissermaßen 'vor Ort' kundig und führte Gespräche mit Anstaltsärzten, -psychologen, -psychiatern, -leitern, -geistlichen, Gefangenen und Gerichtsmedizinern. Weiter studierte er die Gefangenenakten in einer Reihe von Anstalten und nahm an Gruppentherapiesitzungen teil, die in Vollzugsanstalten für 'Lebenslängliche' abgehalten wurden, um sich einen Einblick in die Problematik in direkter Weise zu verschaffen (BMJ). Zusätzlich verschaffte sich das BMJ Informationen aus den Landesjustizverwaltungen der verschiedenen Bundesländer über die jeweilige Gnadenpraxis sowie die Erfahrungen, die man dort mit begnadigten 'Lebenslänglichen' gemacht hatte (BMJ).

Auch in den rechtspolitischen Arbeitskreisen und -gruppen der verschiedenen Parteien fanden keine Anhörungen von Experten oder Sachverständigen zu diesem Problem statt (RA-SPD, RA-FDP). Ein befragtes Rechtsausschußmitglied (FDP) hatte intensiven Kontakt mit einem Parteifreund, der im Strafvollzug tätig war und mit dem dies Mitglied eine Reihe von Gesprächen über dies Problem führte. Über besonders intensive Gespräche mit Anstaltsgeistlichen über dieses Problem berichtete ein mit diesem Gesetzgebungsverfahren im Vermittlungsausschuß befaßtes CDU-Mitglied einer Landesregierung.

2.2. Wurden 'Lebenslängliche', d.h. Betroffene gehört?

Durch persönliche Gespräche mit einsitzenden 'Lebenslänglichen' und durch die eigene Teilnahme an Gruppentherapiesitzungen für 'Lebenslängliche' in Vollzugsanstalten gelangte der Referent des BMJ zu der Auffassung, daß 'Lebenslängliche' ein geringes Maß an Selbständigkeit und oft utopische Vorstellungen über die Realität 'draußen' besitzen. Diese Erfahrungen führten dem Referenten die Notwendigkeit einer zweijährigen Entlassungsvorbereitung deutlich vor Augen (BMJ).

Es gab auch eine Reihe einzelner Briefe 'Lebenslänglicher', die ans BMJ gerichtet waren, in denen nicht nur die Bitte, das Gesetzgebungsverfahren zu einem raschen Ende zu bringen artikuliert wurde, sondern die auch sehr differenzierte Überlegungen enthielten (BMJ). Eine Reihe von Rechtsausschußmitgliedern bekamen Briefe einsitzender 'Lebenslänglicher, die die Bitte enthielten, das Gesetzgebungsverfahren möglichst bald zu einem Ende zu bringen, damit das Gesetz in Kraft tritt. Zwischen einem Rechtsausschußmitglied der FDP und einem einsitzenden 'Lebenslänglichen' in Niedersachsen entwickelte sich ein reger Briefwechsel über dies Gesetzgebungsverfahren. Es gab auch einige Briefe und Petitionen von Betreuern 'Lebenslänglicher' an Rechtsausschußmitglieder bzw. die rechtspolitischen Arbeitskreise und -gruppen - auch schon vor der BVerfGE von 1977 - aber es war keine 'Flut' von Petitionen. An den mit diesem Gesetz später befaßten Vermittlungsausschuß wurden keine Eingaben, Petitionen oder Briefe 'Lebenslänglicher' gerichtet. In Hessen, das 1973 eine eigene Gesetzesvorlage zur Strafrestaussetzung bei 'Lebenslänglichen' im Bundesrat einbrachte, gab es keine Eingaben, Petitionen oder Briefe 'Lebenslänglicher' an die Landesregierung bzw. das Landesjustizministerium (LJM-SPD).

Obwohl also die von diesem Gesetz Betroffenen weder organisations- noch konfliktfähig waren, versuchten sie durch Briefe und Petitionen ihre Auffassung zum Ausdruck zu bringen, das Gesetzgebungsverfahren möglichst rasch zu einem Abschluß zu bringen. Die gleiche Bitte wurde auch von einigen wenigen 'Advokaten' (vgl. HAFERKAMP/LAUTMANN 1975, S. 247 f. u. WALDMANN 1979, S. 107 f.) der Betroffenen, nämlich von Betreuern von 'Lebenslänglichen', in Briefen an den Gesetzgeber zum Ausdruck gebracht.

Durch eine Besichtigung der Strafvollzugsanstalt Berlin-Tegel, die der Rechtsausschuß des Bundestages anläßlich eines anderen Anlasses nach (!) Verabschiedung des Gesetzes unternahm, wurden einige der Probleme 'Lebenslänglicher' einem SPD-Mitglied des Rechtsausschusses deutlicher als während des

Gesetzgebungsverfahrens. Ein anderes Rechtsausschußmitglied der SPD hielt die Besichtigungszeit von zwei Stunden jedoch für zu kurz, um Kontakte mit Häftlingen anzuknüpfen.

2.3. Wurden gezielt empirische Erhebungen und/oder Gutachten in Auftrag gegeben?

Vgl. hierzu die Antworten auf Frage 5.4. in Abschnitt 5.1.5.1.5.

2.4. Welche Auffassung hat man sich über die Folgen langer Freiheitsstrafen gebildet (Haftschäden)?

Ministerialbeamte des BMJ sowie Mitglieder aller Parteien vertraten die übereinstimmende Auffassung, daß lange Haftstrafen nicht zu schwerwiegenden irreparablen Persönlichkeitsschäden führen. Innerhalb dieser von allen vertretenen Auffassung gab es jedoch Unterschiede. So vertrat der damalige Bundesjustizminister die Auffassung des 'non liquet' der Entscheidung des Bundesverfassungsgerichts, dergemäß diese Frage (noch) nicht entscheidbar sei. Im BMJ war man der Auffassung, daß nach 20 Jahren Freiheitsstrafe zwar keine Zerstörung der Persönlichkeit auftritt, jedoch mit erheblichen Eingliederungsschwierigkeiten im Falle einer Strafaussetzung zu rechnen ist, da die 'Lebenslänglichen' viel verlernt haben und lebensuntüchtig geworden sind (BMJ). Ein Rechtsausschußmitglied (FDP) war der Auffassung, daß Haftschäden nicht immer auftreten und auch nicht das einzige Kriterium für eine gesetzgeberische Entscheidung sein könnten. Ein anderes Rechtsausschußmitglied (SPD) vertrat die Meinung, daß die Wirkungen der Haft schon so gravierend seien, daß sie ein zusätzliches Argument für eine Neuregelung darstellten. Ein Mitglied (CDU) einer Landesregierung und des Vermittlungsausschusses konnte in persönlichen Gesprächen mit Häftlingen, die lange Freiheitsstrafen verbüßt hatten, nicht feststellen, daß diese Leute vergrämt oder vereinsamt waren oder psychische Defekte aufwiesen.

5.1.5.1.3. Zur Ursachenanalyse

3.1. Auf welche Ursachen wird das Auftreten des Problems der Strafrestaussetzung bei 'Lebenslänglichen' im Rahmen von Gnadenverfahren zurückgeführt?

Für das BMJ hat die Uneinheitlichkeit des Gnadenrechts zwischen den verschiedenen Bundesländern eine entscheidende Rolle bei der Entstehung des Problems gespielt. Besonders interessant ist hierbei, daß die Gnadenentscheidungen nicht parteispezifisch variieren, d.h. SPD-regierte Länder immer früher und CDU-regierte Länder immer später entließen, sondern daß es z.B. gerade zwischen SPD-regierten Ländern (Hessen und Nordrhein-Westfalen einerseits und Hamburg und Bremen andererseits) relativ große Unterschiede gab. Zum anderen hat ein CDU-regiertes Bundesland wie Rheinland-Pfalz relativ viele Begnadigungen ausgesprochen (BMJ).

5.1.5.1.4. Zur Zieldefinition und -bewertung

4.1. Inwieweit verfolgten verschiedene Gruppierungen, d.h. Norminteressenten (BMJ, Parteien, Wissenschaftler, Rechtsprechung, Verbände, Organisationen, Strafvollzugspraxis) verschiedene bzw. identische Ziele?

Das von allen am Gesetzgebungsverfahren beteiligten Institutionen (BMJ, LJM, RA, SPD, FDP, CDU/CSU) einhellig verfolgte Ziel dieser gesetzlichen Regelung bestand in einer 'Verrechtlichung' der Entscheidungen über eine Strafaussetzung bei lebenslanger Freiheitsstrafe und einer Verlagerung vom Gnadenträger weg in den Justizbereich. Als weiteres von allen vertretenes Ziel sollten die Unterschiede der Gnadenpraxis zwischen den verschiedenen Bundesländern nivelliert werden. Die Uneinheitlichkeit des Gnadenrechts war mit eines der Hauptziele bei der Formulierung einer gesetzlichen Regelung zur Strafaussetzung (BMJ, LJM-CDU). Dieser Sachverhalt spielte besonders bei der Formulierung einer Gesetzesvorlage durch das Bundesland Hessen 1973 eine Rolle, da zu jenem Zeitpunkt noch kein Bundesverfassungsgerichtsurteil vorlag, das den Gesetzgeber aufforderte, die Strafaussetzung für 'Lebenslängliche' gesetzlich zu regeln (LJM-SPD). Das Gnadenrecht sollte jedoch durch eine gesetzliche Regelung nicht ersetzt werden, sondern weiter erhalten bleiben, um spezielle Fälle berücksichtigen zu können (BMJ).

4.2. Über welche Ziele einer gesetzlichen Regelung bestand weitgehender Konsens und welche Ziele waren strittig?

Das BMJ schloß sich der Mehrheit der Bundesländer, d.h. den Landesjustizverwaltungen an, die eine Aussetzungslösung einer Umwandlungslösung vorzogen, obwohl es auch einige Bundesländer gab, die eine Umwandlungslösung im Rahmen der bisherigen Gnadenverfahren praktizierten (BMJ).

Einig war man sich darüber, daß die Begehung von Bagatelldelikten (z.B. 'Schwarzfahren') nicht den weiteren Vollzug einer ausgesetzten lebenslangen Freiheitsstrafe rechtfertigen könne (BMJ).

Ein Ziel, das die SPD mit dieser Regelung u.a. verfolgte, bestand darin, NS-Gewalttäter, die zu einer lebenslangen Freiheitsstrafe verurteilt wurden, nicht bzw. nicht zu frühzeitig aus der Haft zu entlassen (RA-CDU). Die ganz persönliche Meinung eines Rechtsausschußmitgliedes der SPD war, daß zu lebenslanger Freiheitsstrafe verurteilte NS-Gewalttäter überhaupt nicht aus der Haft entlassen werden sollten.

4.3. Wie sah die Bewertung und Rangfolge von Zielen bei verschiedenen Gruppierungen aus?

Da die verschiedenen am Gesetzgebungsverfahren beteiligten Gruppierungen (BMJ, LJM, RA, SPD, CDU/CSU, FDP) die gleichen Ziele (Schutz der Bevölkerung, Aufrechterhaltung der Generalprävention, Herstellung einer rechtlichen Chance für 'Lebenslängliche' entlassen zu werden) verfolgten und sich eher in der Wahl der geeigneten Mittel, d.h. der gesetzlichen Ausformulierung unterschieden, wurde diese Frage in den Interviews nicht gestellt.

4.4. Inwieweit hat das neue Strafvollzugsgesetz Einfluß auf diese neue gesetzliche Regelung bzw. deren Ziele gehabt?

Der Resozialisierungsgedanke spielte bei diesem Gesetzgebungsverfahren nur sekundär eine Rolle, da es hier nicht um die Frage ging, in welchem Zustand ein 'Lebenslänglicher' entlassen wird, sondern ob er überhaupt und unter welchen Bedingungen er entlassen werden soll (BMJ). Die 'Lebenslänglichen' sind jedoch im Rahmen des StVollzG ganz bewußt nicht vom Ziel der Resozialisierung ausgenommen worden (BMJ). Die Ausführungen in § 2 StVollzG implizieren, daß auch bei 'Lebenslänglichen' rechtzeitig mit den Entlassungsvorbereitungen zu beginnen sei. Dies führte dann dazu, daß das neue Gesetz zur Strafrestaussetzung bei 'Lebenslänglichen' vorsieht, daß die betroffenen 'Lebenslänglichen' bereits zwei Jahre vor Ablauf der gesetzlich vorgeschriebenen Mindestverbüßungsdauer - d.h. zwei Jahre vor einer frühestmöglichen Entlassung - einen Antrag auf Strafrestaussetzung stellen können (BMJ). Bei der Formulierung des § 57a StGB achtete man also besonders darauf, daß Entlassungsentscheidungen so rechtzeitig getroffen werden, daß ein stufenweiser Entlassungsvollzug vorbereitet und durchgeführt werden kann (BMJ).

Bei der Formulierung der 1973 im Rahmen des EGStGB im Bundesrat von Hessen eingebrachten Gesetzesvorlage konnten die Bestimmungen des erst am 1.1.1977 in Kraft getretenen StVollZG noch keine Rolle spielen. Bei der Formulierung eines Gesetzesentwurf durch das Bundesland Hessen im Jahr 1973 war der Gesichtspunkt der Ungleichheit der Gnadenpraxis von größerem Gewicht als die Resozialisierungsidee, da zu diesem Zeitpunkt weder das Strafvollzugsgesetz, noch die Bundesverfassungsgerichtsentscheidung von 1977 vorlag (LJM-SPD).

Nach dem Bundesverfassungsgerichtsurteil von 1977 spielte jedoch auch der Aspekt der Wiedereingliederung eine Rolle (LJM-CDU). Sowohl Mitglieder der CDU/CSU als auch der SPD unterschieden in ihren Antworten zwischen der Einführung einer gesetzlichen Möglichkeit der Strafaussetzung und der damit verknüpften Chance einer Entlassung einerseits und Änderungen von Vollzugsbedingungen innerhalb von Strafanstalten andererseits. Durch die Eröffnung einer rechtlichen Möglichkeit der Strafaussetzung würden jedoch nicht automatisch auch die Vollzugsbedingungen verändert. Es sei denn, man vertritt die Auffassung eines FDP-Mitglieds des Rechtsausschusses, daß allein die Tatsache, daß ein 'Lebenslänglicher' weiß, daß er unter bestimmten Bedingungen eine Entlassungschance hat, schon zur Humanisierung des Strafvollzugs beiträgt.

5.1.5.1.5. Zur Analyse der gesetzlichen Möglichkeiten zur Zielerreichung

5.1. Inwieweit hat man ausländische Regelungen und Erfahrungen berücksichtigt, d.h. Rechtsvergleichung betrieben?

Im BMJ hat man sich mit einer Reihe ausländischer Regelungen zur Strafaussetzung befaßt. Berichte über die Gnadenpraxis des Auslands wurden von den Botschaften der Bundesrepublik zusammengestellt und anschließend vom BMJ ausgewertet (BMJ). Im Rahmen von Ländervergleichen ergaben sich jedoch spezifische Probleme. So sind z.B. aus einem kleinen Land wie Norwegen mit einer nur geringen Bevölkerungszahl von 1949 bis 1977 nur vier einschlägige Rückfälle von 'Lebenslänglichen' bekannt. Aufgrund einer anderen Bevölkerungsgröße und -struktur ist Norwegen jedoch nicht mit der Bundesrepublik zu vergleichen. Bei vergleichbaren europäischen Ländern wie England und Frankreich traten wiederum andere Probleme auf, da in diesen beiden Ländern die Abschaffung der Todesstrafe noch nicht lange genug zurückliegt und der Zeitraum, in dem lediglich die lebenslange Freiheitsstrafe verhängt werden kann, zu kurz ist, um zu verläßlichen Aussagen zu gelangen (BMJ). Im Rahmen einer rechtsvergleichenden Analyse durch das BMJ wurden die Regelungen folgender Länder berücksichtigt: Belgien, Großbritannien, Italien, Luxemburg, Norwegen, Österreich, Dänemark, Schweiz, Niederlande und Schweden (vgl. S. 26-28 u. 30 des stenographischen Protokolls des Rechtsausschusses des Bundestages vom 16.1.1980).

Wichtig für das BMJ war die Empfehlung des Ministerkomitees des Europarats von 1976, nach 8 bis 14 Jahren zu prüfen, ob eine Entlassung in Frage kommt (BMJ). Der Gesichtspunkt der Anpassung an die Rechtslage in anderen europäischen Ländern spielte für das BMJ eine erhebliche Rolle. Besonders für die beiden mit diesem Gesetz befaßten Bundesjustizminister (VOGEL, SCHMUDE) war die Anpassung an die Rechtslage in anderen europäischen Ländern und der Beschluß der Justizministerkonferenz des Europarats (Empfehlung des Ministerkomitees des Europarats) von großer Bedeutung. Rechtsausschußmitglieder der SPD und der FDP sowie ein Ministerialbeamter eines SPD-geführten Landesjustizministeriums hielten dies Argument jedoch nicht für so zentral wie dies im BMJ getan wurde. Für ein CDU-Mitglied des Vermittlungsausschusses spielte der Gesichtspunkt der Anpassung an die europäische Rechtslage ebenfalls eine erhebliche Rolle.

Auf der Ebene der Rechtsausschüsse fand 1977 ein Arbeitstreffen der Rechtsausschüsse des Deutschen Bundestages und der französischen Nationalversammlung zum Thema 'Problem der lebenslangen Freiheitsstrafe' statt, in dessen Verlauf deutsche und französische Regelungen und Probleme erörtert wurden.

5.2. Welche Möglichkeiten schieden aufgrund fehlender politischer Realisierbarkeit aus?

Im BMJ hat man sich der Mehrheit der Bundesländer - d.h. der Landesjustizministerien - angeschlossen, die eine Aussetzungslösung vorzogen, obwohl einige Bundesländer eine Umwandlungslösung praktizierten, die gegenüber einer Aussetzungslösung den Vorteil besitzt, das Problem des Widerrufs nicht auftreten zu lassen. (BMJ).

Weiter hat man sich im BMJ davon überzeugen lassen, daß eine Mindestverbüßungsdauer von 12 Jahren nicht konsensfähig ist (BMJ).

Da ein Rechtsausschußmitglied der FDP und damit auch die beiden anderen FDP-Mitglieder im Rechtsausschuß zunächst gegen die Prognoseklausel ('Verantwortungs'-Klausel) des Regierungsentwurfs waren und es daher keine Mehrheit für die

SPD/FDP-Koalition im Rechtsausschuß gegeben hätte, war die 'Verantwortungs'-Klausel des Regierungsentwurfs nur durch eine Einfügung einer spezifischen Sachverständigenregelung in die StPO von der FDP gewissermaßen zu 'erkaufen'. Die 'Verantwortungs'-Klausel wäre also ohne das Zugeständnis dieser Sachverständigenregelung nicht durchzusetzen gewesen (RA-SPD).

Da das Gesetz nicht zustimmungsbedürftig durch den Bundesrat war und die Gesetzgebungsmehrheit im Bundestag - d.h. die SPD und FDP - wußte, daß sie ihre Auffassung letztlich auch gegen einen Vorschlag des Vermittlungsausschusses (der eine Mindestverbüßungsdauer von 18 Jahren vorschlug) durchsetzen konnte, war das Vermittlungsverfahren im Rahmen der Beratungen des Vermittlungsausschusses von vornherein zum Scheitern verurteilt (RA-SPD).

Die CDU/CSU hätte wissen müssen, daß sie sich mit einer Mindestverbüßungsdauer von 20 Jahren, die plakativ an die Bevölkerung gerichtet war, aufgrund der politischen Machtverhältnisse (SPD/FDP-Bundestagsmehrheit, nicht-zustimmungsbedürftiges Gesetz) nicht durchsetzen kann (RA-FDP).

In den Jahren 1969/70 wäre eine gesetzliche Regelung zur Strafrestaussetzung bei 'Lebenslänglichen' politisch nicht durchsetzbar gewesen, da damals größere Teile der Bevölkerung noch für die Wiedereinführung der Todesstrafe waren und es daher der Öffentlichkeit nicht zuzumuten gewesen wäre, eine solche gesetzliche Regelung einzuführen. Zum anderen existierte damals noch kein BVerfG-Urteil, das den Gesetzgeber auffordert, die Strafaussetzung für 'Lebenslängliche' auf eine gesetzliche Grundlage zu stellen (BMJ).

Eine Reihe von Terroranschlägen in der Bundesrepublik, die in die Zeit nach der Vorlage des ersten Referentenentwurfs 1974 fielen, führte dazu, daß dieser Entwurf nicht weiter verfolgt wurde. Rechtsänderungen zugunsten von Tätern, die Tötungsdelikte, zu denen u.a. auch Terrorakte zählen, begangen haben, waren damals angesichts der Stimmung innerhalb der Bevölkerung politisch nicht durchzusetzen gewesen (BMJ). Auch bei den späteren Beratungen dieses Gesetzes übte das Terrorproblem latent Einfluß auf Formulierungen innerhalb dieses Gesetzes aus, da sich die SPD und das BMJ dem Vorwurf gegenübersahen, man wolle die Entlassung von Terroristen kalkulierbar machen (BMJ).

Hessen, das 1973 eine eigene Gesetzesvorlage zur Strafaussetzung bei 'Lebenslänglichen' im Bundesrat eingebracht hatte, verfolgte diesen Vorschlag - nachdem er im Bundesrat abgelehnt worden war - nicht weiter, da man im Landesjustizministerium (SPD) der Auffassung war, eine derartige Regelung sei in der Bevölkerung unpopulär.

5.3. Inwieweit war die Öffentlichkeit, d.h. die Bevölkerung 'reif' für eine solche gesetzliche Regelung?

Eine eingehende Erörterung einer gesetzlichen Regelung zur Strafaussetzung bei 'Lebenslänglichen' führte im Sonderausschuß des Bundestages für die Strafrechtsreform (1966-1969) zu der Einschätzung, daß eine derartige Regelung der Öffentlichkeit noch nicht zuzumuten ist, da die Abschaffung der Todesstrafe noch nicht lange genug zurück lag. Damals wäre also eine derartige rechtliche Regelung nicht durchzusetzen gewesen, da damals der Anteil der Bevölkerung, der für eine Wiedereinführung der Todesstrafe war (vgl. hierzu Abschnitt 3.5.), noch relativ groß war (BMJ).

Da die öffentliche Meinung bei der Festsetzung der Mindestverbüßungsdauer eine Rolle spielte, konnte man die Mindestverbüßungsdauer nicht zu niedrig ansetzen (BMJ). Weiter war man sich im BMJ darüber im klaren, daß die öffentliche Meinung eine solche Regelung nicht forderte und daß ein solches Gesetz nicht populär sein würde. Man war sich auch darüber im klaren, daß dieses Gesetz u.U. Wählerstimmen kosten könne (BMJ). Die Berücksichtigung von Wählerreaktionen - so vermutete man jedoch im BMJ - habe eher bei der CDU/CSU eine Rolle gespielt, als diese auf ihrer Forderung nach einer Mindestverbüßungsdauer von 20 Jahren beharrte und nicht auf 15 heruntergehen wollte (BMJ). Ein mit diesem Gesetz im Rahmen des Vermittlungsverfahrens befaßtes CDU-Mitglied war demgegenüber der Auffassung, daß im Hinblick auf das Vertrauen der Bürger in die Rechtsordnung eher der Ermittlungserfolg und das Zeitintervall zwischen Begehung der Tat und der Verurteilung entscheidend sind, als die Länge der Vollstreckung der Strafe (LJM-CDU).

Bei spektakulären Tötungsdelikten wie z.B. Kinder- oder Taximorden erreicht das BMJ zwar immer noch eine große Zahl von Eingaben und Briefen, die die Wiedereinführung der Todesstrafe fordern. Die Zahl derartiger Eingaben und Proteste hat aber im Laufe des Jahres immer mehr abgenommen. Trotzdem war man im BMJ aufgrund der alljährlich durchgeführten Meinungsumfragen zur Todesstrafe (vgl. hierzu Abschnitt 3.5.) der Auffassung, daß die Bevölkerungsmehrheit nur wenig Sympathie für eine gesetzliche Regelung der Strafaussetzung für 'Lebenslängliche' zeigen würde. Eine reformorientierte Rechtspolitik wäre jedoch nicht mehr möglich gewesen, wenn man sich immer nach der Mehrheitsmeinung innerhalb der Bevölkerung gerichtet hätte (BMJ). Dies hängt sicher mit der von der SPD und dem BMJ vertretenen rechtspolitischen Auffassung zusammen, daß Kriminalpolitik und das Recht dem Rechtsbewußtsein in der Bevölkerung ein Stück vorauszugehen habe und nicht einfach den Bevölkerungswillen 'kopieren' solle. Allerdings dürfe man sich dabei nicht zu weit vom herrschenden Rechtsbewußtsein entfernen, so daß es die Bevölkerung nicht mehr mitträgt (BMJ, RA-SPD).

Das BMJ und die SPD/FDP-Koalition verfolgten also im Rahmen dieses Gesetzgebungsverfahren keine rechtspolitische Strategie der Maximierung von Wählerstimmen, wie dies z.B. in den Hypothesen der Neuen Politischen Ökonomie (vgl. FREY 1977, S. 128 ff. und LEHNER 1981, S. 22 u. 29 f.) immer wieder postuliert wird.

Ein Rechtsausschußmitglied der SPD berichtete, daß dieses Gesetz auf öffentlichen Veranstaltungen nur sehr selten angesprochen wurde und daß dann die Einstellung gegenüber diesem Gesetz auch bei sonst 'offenen' Leuten eher skeptisch war. Ein anderes Rechtsausschußmitglied der SPD machte auf Veranstaltungen in seinem Wahlkreis die Erfahrung, daß man zunächst skeptische oder ablehnende Einstellungen gegenüber diesem Gesetz bei den Leuten durch Argumente ändern konnte und daß es möglich war, emotionale Reaktionen durch Argumente abzubauen.

Das Bundesland Hessen, das 1973 eine eigene Gesetzesvorlage zur Strafaussetzung bei 'Lebenslänglichen' im Rahmen des EGStGB im Bundesrat einbrachte, verfolgte diesen Vorschlag nicht weiter, da man im Landesjustizministerium der Auffassung war, daß diese Regelung in der Bevölkerung nicht populär sein würde. Der Verfasser der damaligen Gesetzesvorlage war jedoch der Meinung, daß die Öffentlichkeit für eine derartige Regelung heute, d.h. 1982 genausowenig 'reif' sei wie damals, d.h. 1973 (LJM-SPD).

Der Regierungsentwurf enthielt eine Klausel, die die "besondere Schwere der Schuld" als Ausschließungsgrund für eine Strafaussetzung festlegte. Die Einführung dieser 'Schuld'-Klausel war gezielt auf die Verminderung öffentlicher Kritik gerichtet, die bei Entlassungen von NS-Gewaltverbrechern oder Terroristen zu erwarten gewesen wäre (BMJ). Im BMJ war man weiter der Auffassung, daß die Einführung einer 20-jährigen Mindestverbüßungsdauer eher öffentliche Kritik vermieden hätte, als eine Mindestverbüßungsdauer von 15 Jahren. So wurde auch bei Inkrafttreten der Regelungen des Regierungsentwurfs mehr öffentliche Kritik als Zustimmung erwartet (RA-SPD).

SPD-Mitglieder des Rechtsausschusses, das BMJ, ein Ministerialbeamter eines SPD-geführten Landesjustizministeriums und ein CDU-Mitglied des Vermittlungsausschusses vertraten die gemeinsame Auffassung, daß das Rechtsbewußtsein innerhalb der Bevölkerung eine gesetzliche Regelung zur Strafaussetzung bei 'Lebenslänglichen' nicht gefordert hat und einer solchen Regelung eher negativ gegenübersteht. Insofern könne man also nicht von einer Anpassung ans herrschende Rechtsbewußtsein sprechen. Demgegenüber vertrat ein FDP-Mitglied des Rechtsausschusses die Ansicht, daß das Rechtsbewußtsein heute weitgehend der Auffassung sei, daß nicht Vollzug um des Vollzugs willen praktiziert werden solle, sondern daß für 'Lebenslängliche' eine Chance bestehen solle, wieder in Freiheit zu gelangen. Ein CDU-Mitglied des Vermittlungsausschusses vertrat die rechtspolitische Vorstellung, daß das Recht nie Vorreiter, sondern immer nur Konsequenz des Rechtsbewußtseins innerhalb der Bevölkerung sein sollte.

Die Demonstration von Reformbereitschaft war für die SPD und die SPD/FDP-Koalition von Bedeutung, da die Rechtspolitik zeitweilig der einzige Bereich war, in dem Reformentwicklungen (wie z.B. gesetzliche Maßnahmen gegen die Wirtschaftskriminalität) sichtbar wurden (BMJ). Mit dem § 57a StGB sollte gezeigt werden, daß die sozialliberale Koalition weiter zu Reformen bereit war (RA-SPD). Ein CDU-Mitglied des Vermittlungsausschusses war ebenfalls der Auffassung, daß dies Gesetz ein 'wichtiges Paradepferd' der sozialliberalen Koalition und der 'humanitär-reformerischen Avantgarde' war. Im BMJ war man jedoch andererseits der Meinung, daß mit diesem Gesetz in der Öffentlichkeit 'kein Blumentopf zu gewinnen' sei und daher mit dieser Regelung keine Demonstration von Reformbereitschaft verknüpft war. Innerhalb der SPD war man sich darüber im klaren, daß die Bevölkerung ein derartiges Gesetz nicht gefordert hatte und man mit dieser Regelung keine Wählerstimmen gewinnt. Eine solche Regelung wurde jedoch trotzdem eingeführt, da man in der SPD der Auffassung war, dies Gesetz sei notwendig und richtig und da man damals die politische Mehrheit hatte (RA-SPD). Für ein FDP-Mitglied des Rechtsausschusses hatte dieses Gesetz weniger etwas mit Reformbereitschaft zu tun, als mit der Erkenntnis, daß der Gnadenweg allein nicht ausreicht und daneben ein rechtsförmlicher Weg treten müsse. Die Demonstration von Reformbereitschaft spielte jedoch bei der Formulierung und Einbringung einer Gesetzesvorlage zur Strafaussetzung im Bundesrat 1973 durch das Bundesland Hessen eine größere Rolle, da zu jener Zeit noch kein Bundesverfassungsgerichtsurteil vorlag, das den Gesetzgeber aufforderte, die Strafaussetzung für 'Lebenslängliche' auf eine gesetzliche Grundlage zu stellen (LJM-SPD).

5.4. Inwieweit hat die Rechtstatsachenforschung bei der Analyse der Möglichkeiten zur Zielerreichung eine Rolle gespielt?

Informationen über die Gnadenpraxis anderer europäischer Länder wurden von den verschiedenen Botschaften der Bundesrepublik im Ausland gesammelt und vom BMJ anschließend ausgewertet (BMJ). Weiter hat sich das BMJ Informationen aus den Landesjustizverwaltungen über die jeweilige Gnadenpraxis sowie die Erfahrungen mit Begnadigten verschafft (BMJ).

Gutachten wurden jedoch in diesem Gesetzgebungsverfahren nicht in Auftrag gegeben, da die Problematik bereits weitgehend im Schrifttum behandelt worden war; ergänzende informelle Gespräche mit Experten wurden daher in diesem Fall für ergiebiger gehalten. Im übrigen wurde die Einholung von Gutachten eher in solchen Bereichen für nützlich gehalten, die - wie z.B. die Wirtschaftskriminalität (wo eine Sachverständigenkommission eingesetzt wurde) - weniger emotionsgeladen waren, so daß das Ergebnis der Begutachtung nicht von vornherein durch die Auswahl entsprechender Gutachter beeinflußbar erschien (BMJ). Letztlich stellt sich bei der Vergabe von Gutachten natürlich auch die Kostenfrage (Das BMJ hat den kleinsten Etat aller Bundesministerien). Im BMJ wurden jedoch gutachterliche Äußerungen, die von dritter Seite eingeholt worden waren, berücksichtigt. Dies gilt z.B. für die zur mündlichen Verhandlung vor dem BVerfG 1977 erstellten Gutachten (vgl. hierzu JESCHECK/TRIFFTERER 1978), aber auch für die Beiträge der vom 'STERN' 1977 in Hamburg veranstalteten Tagung zur lebenslangen Freiheitsstrafe ('Lebenslang oder nicht?'), an der auch der damalige Bundesjustizminister VOGEL teilnahm (vgl. hierzu 'recht' vom 20.1.77, S. 2 f.). Im Rahmen der üblichen Beteiligung von Verbänden an der Gesetzgebung wurden vom BMJ 'Gutachteraufträge' gewissermaßen lediglich an die Strafrechtsausschüsse des Deutschen Richterbundes, der Bundesrechtsanwaltskammer und der ÖTV vergeben, indem diese Verbände den Referentenentwurf berieten und ihre Stellungnahmen dazu formulierten (BMJ).

Vom BMJ wurden auch weder demoskopische Umfragen zum Rechtsbewußtsein in der Bevölkerung durchgeführt, noch in Auftrag gegeben, da dem BMJ aufgrund der alljährlich durchgeführten Meinungsumfragen die Einstellung der Öffentlichkeit zur Todesstrafe (vgl. Abschnitt 3.5.) bekannt war (BMJ). Aufgrund der Ergebnisse dieser Umfragen ging das BMJ davon aus, daß die Mehrheit der Bevölkerung wenig Sympathie für eine gesetzliche Regelung der Strafaussetzung bei lebenslanger Freiheitsstrafe zeigen würde (BMJ). Der Bundesjustizminister vertrat die Auffassung, daß man keine reformorientierte Rechtspolitik mehr hätte machen können, wenn man sich immer der Meinung der Bevölkerungsmehrheit angeschlossen hätte.

5.5. Welche Möglichkeiten schieden aufgrund der BVerfGE aus bzw. wurden durch diese Entscheidung nahegelegt?

Durch die BVerfGE von 1977 mußten die mit diesem Gesetzgebungsverfahren befaßten Bundesjustizminister (VOGEL, SCHMUDE, beide SPD) ihre 'Antennen' nicht mehr in dem Maße nach politischer Machbarkeit 'ausfahren', wie dies bei anderen Gesetzesvorhaben erforderlich ist, bei denen man sich erst ausführlich in der Fraktion umhorchen muß, wie die Chancen für ein geplantes Gesetzesvorhaben stehen (BMJ). Für die Bundesjustizminister ergab sich aufgrund der BVerfGE eine günstige Argumentationslage, da das Urteil des Bundesverfassungsgerichts den Gesetzgeber explizit zur Formulierung einer gesetzlichen Regelung der Strafaussetzung für 'Lebenslängliche' aufforderte (BMJ). Das BVerfG-Urteil von 1977 war also als sehr förderlich in Bezug auf eine Gesetzesvorlage zu bezeichnen im Gegensatz zur insgesamt eher ungünstigen politischen Stimmung, die einen Gesetzesentwurf zu diesem Bereich eher erschwert hat (BMJ).

5.6. Stand das Gesetzgebungsverfahren unter einem besonderen Zeitdruck?

Es gab keinen spezifischen Zeitdruck, jedoch einen gewissen zeitlichen Rahmen für dieses Gesetzgebungsverfahren, da die BVerfGE von 1977 forderte, das Gesetzgebungsverfahren solle innerhalb der nächsten Legislaturperiode abgeschlossen sein. Daher war es das Bestreben des BMJ und der SPD, das Gesetz noch innerhalb der 8. Legislaturperiode zu verabschieden und ins Bundesgesetzblatt zu bringen. Es existierte jedoch kein Zeitdruck, einen bestimmten Kalendertag einzuhalten (BMJ).

In der 8. Legislaturperiode konnte dieses Gesetzgebungsverfahren jedoch nicht mehr abgeschlossen werden und fiel damit dem Grundsatz der sachlichen Diskontinuität zum Opfer. Daher wurde dies Gesetz in der neuen 9. Legislaturperiode nicht mehr als Regierungsentwurf (zu dem der Bundesrat wiederum Stellung nehmen muß und die Bundesregierung eine Replik zu formulieren hat), sondern als Entwurf der Regierungsfraktionen der SPD und FDP neu eingebracht, der jedoch mit dem Regierungsentwurf der 9. Legislaturperiode gleichlautend war. Dies geschah also, um Zeitverzögerungen durch eine nochmalige Bundesrats- sowie Bundesregierungsstellungnahme im Rahmen eines (erneuten) ersten Durchgangs zu vermeiden (RA-SPD).

Die mit diesem Gesetzgebungsverfahren befaßten Bundesjustizminister VOGEL und SCHMUDE betrieben beide das Gesetzgebungsverfahren zügig gemäß dem Auftrag des BVerfG-Urteils, wobei jedoch keiner der beiden Minister das Verfahren bremste oder es in übertriebener Weise beschleunigte (BMJ).

5.1.5.1.6. Zur Bewertung der Möglichkeiten anhand des Zielsystems

6.1. Welche Auffassungen vertraten Organisationen, Verbände, Landesjustizverwaltungen, Wissenschaftler, die Rechtsprechungspraxis hinsichtlich bestimmter Regelungsalternativen bzw. Teilregelungen?

Von großer Bedeutung waren zunächst die Stellungnahmen der Landesjustizverwaltungen der Bundesländer zum (ersten) Referentenentwurf eines 15. StrÄndG von 1974.

Dieser Entwurf sah eine fakultative (Kann-Vorschrift) bedingte Entlassung 'Lebenslänglicher' nach 12 oder 15 Jahren Mindestverbüßungsdauer und bei Vorliegen einer günstigen Sozialprognose ('Verantwortungs'-Klausel des geltenden § 57 StGB) vor. Die Bewährungszeit sollte 2 bis 5 Jahre und die Sperrfrist, vor deren Ablauf kein Neuantrag auf Entlassung gestellt werden kann, sollte höchstens 6 Monate betragen. In der Entwurfsbegründung wurde darauf hingewiesen, daß eine Entlassung versagt werden könne, wenn Aspekte der Generalprävention oder der Verteidigung der Rechtsordnung dies "angezeigt erscheinen lassen" (RefE 1974, Begründung, S. 12).

Die Mehrheit der Bundesländer sprach sich jedoch für eine Muß-Vorschrift aus, in der der Aspekt der Verteidigung der Rechtsordnung bzw. eine noch weitergehende Einschränkung berücksichtigt wird.

Weiter wurde der 1974 formulierte Referentenentwurf eines 15. Strafrechtsänderungsgesetzes von einem Strafrechtslehrer (TRIFFTERER) und einem Richter (BIETZ) einer ausführlichen Kritik unterzogen (TRIFFTERER/BIETZ 1974).

Am Referentenentwurf wurde erstens bemängelt, daß er alternativ zwölf oder fünfzehn Jahre als Mindestverbüßungszeit vorschlage und dadurch die Möglichkeit eliminiere, in besonders günstigen Fällen bereits nach zwölf und im Regelfall erst nach fünfzehn Jahren zu entlassen. Die Forderung der Autoren lautete, die im Referentenentwurf vorgesehenen Zeiten von zwölf und fünfzehn Jahren nicht alternativ, sondern fakultativ ins Gesetz aufzunehmen. Zweitens kritisierten die beiden Autoren, daß der Entwurf in seiner Begründung Gesichtspunkte der Generalprävention oder der Verteidigung der Rechtsordnung als entlassungshemmende Kriterien erwähnt, die selbst dann zur Anwendung kommen können, wenn eine günstige Sozialprognose vorliegt und die gesetzlich vorgeschriebene Mindestverbüßungszeit verbüßt wurde. Wenn nämlich mit einer gesetzlichen Regelung zur Strafaussetzung 'Lebenslänglicher', deren verfassungsrechtlich geschütztes Interesse an Resozialisierung gewährleistet werden solle, dürfen Aspekte der Generalprävention oder der Verteidigung der Rechtsordnung bei einer günstigen Prognose und nach Verbüßung einer 15-jährigen Mindestverbüßungszeit keine entscheidende Rolle mehr spielen. Der Resozialisierungsprozeß 'Lebenslänglicher' dürfe nicht durch eine Verlängerung der Haftdauer erschwert werden, wenn dies nicht zur Sicherung der Allgemeinheit erforderlich ist. Es sei allenfalls vertretbar, die im Referentenentwurf genannten Gesichtspunkte (der Generalprävention oder der Verteidigung der Rechtsordnung) bei der Entscheidung, bereits nach zwölf Jahren Mindestverbüßungsdauer zu entlassen, zu berücksichtigen. Drittens sollte die Strafaussetzung weder von der Einwilligung, noch von einem Antrag des Verurteilten abhängig gemacht werden, da es gerade die Situation von 'Lebenslänglichen' erfordern kann, daß ihnen bei günstiger Prognose auch gegen ihren Willen gewissermaßen durch eine 'Zwangs'-Entlassung geholfen wird. Viertens sollte die Antragssperrfrist von sechs auf zwölf Monate erhöht werden, da den 'Lebenslänglichen' im Gegensatz zu Verurteilten, bei denen zeitige Freiheitsstrafen verhängt wurden, die Aussetzung des Strafrestes als einziger Ausweg ständig vor Augen schwebt. Fünftens wurde von den Autoren vorgeschlagen, die Bewährungszeit auf sieben Jahre auszudehnen, um dem Gericht zu ermöglichen, eine aus spezialpräventiven Gründen längere Bewährungszeit anzuordnen.

Zu diesem RefE äußerte sich also öffentlich lediglich ein Vertreter (BIETZ) des Durchführungs- bzw. Implementationsstabes dieser strafrechtlichen Regelung

Auf der folgenden Seite haben wir die Stellungnahmen zum Referentenentwurf eines 15. StrÄndG von 1974 in Form der Übersicht 14 dargestellt.

Abb. 20 Übersicht 14

Stellungnahmen zum Referentenentwurf eines 15. StrÄndG

RefE eines 15. StrÄndG (1974)	TRIFFTERER/BIETZ (1974)	Mehrheit der Landesjustizverwaltungen der Bundesländer (Oktober 1974)
12 oder 15 Jahre Mindestverbüßungszeit	12 Jahre bei günstigen bis 15 Jahre bei Regelfällen	
In der Begründung des RefE wird erwähnt, daß eine Entlassung versagt werden könne, wenn Aspekte der Generalprävention oder der Verteidigung der Rechtsordnung dies "angezeigt erscheinen lassen"	Berücksichtigung von Aspekten der Generalprävention oder der Verteidigung der Rechtsordnung allenfalls bei der Entscheidung, ob bereits nach 12 Jahren entlassen werden soll	Berücksichtigung der Verteidigung der Rechtsordnung bzw. einer noch weitergehenden Einschränkung
Kann-Vorschrift		Muß-Vorschrift
Einwilligung des Verurteilten	keine Einwilligung des Verurteilten und keinen Antrag auf Entlassung als Bedingung einer Entlassung	
Antragssperrfrist maximal 6 Monate	maximal 12 Monate	
Bewährungszeit 2 - 5 Jahre	2 - 7 Jahre	

Zum Referentenentwurf eines 17. StrÄndG von 1978 hatte das BMJ separate Beratungen über diesen Entwurf mit den jeweiligen Strafrechtsausschüssen der Bundesrechtsanwaltskammer, des Deutschen Richterbundes und der ÖTV. Diese drei Gruppen sind fast bei jedem Gesetzgebungsverfahren beteiligt, indem ihnen die Referentenentwürfe zugeleitet werden und diese Gruppen dann dazu Stellung nehmen. Diese Verbände haben alle jeweils Strafrechtsausschüsse, die sich dann mit den Referentenentwürfen beschäftigen und diese beraten. Zu diesen nicht-öffentlichen Beratungen werden i.d.R. Ministerialbeamte des Bundesjustizministeriums eingeladen. Bei den Beratungen über diesen Gesetzesentwurf gab es nun unterschiedliche Auffassungen, die der Übersicht 15 zu entnehmen sind.

Der Präsident des Landgerichts Verden, BECKMANN - dessen Vorlagebeschluß zur Bundesverfassungsgerichtsentscheidung von 1977 führte - unterzog den 1978 formulierten Referentenentwurf eines 17. StrÄndG ebenfalls einer Kritik (BECKMANN 1979).

Der erste Kritikpunkt bezieht sich darauf, daß eine 15-jährige Mindestverbüßungsdauer durch generalpräventive Aspekte kaum zu rechtfertigen ist, da eine positive generalpräventive Wirkung der lebenslangen Freiheitsstrafe nicht nachgewiesen werden kann und die mit langjähriger Haft verbundenen Eingriffe in Grundrechte besonders gravierend seien. Zweitens sei eine Erhöhung des Mindestverbüßungsdauer auf über 15 Jahre bei besonders schwerer Schuld oder zur Verteidigung der Rechtsordnung zu kritisieren, da Schuld weder rekonstruierbar, noch exakt zu quantifizieren ist und es sich bei der 'Verteidigung der Rechtsordnung' um eine Leerformel handle. Außerdem erschwere eine längere Strafzeit als 15 Jahre die durch das Bundesverfassungsgericht auch den 'Lebenslänglichen' zugestandene Resozialisierung.

Vom Richter eines Oberlandesgerichts wurde die Widerrufsregelung des Regierungsentwurfs eines 17. StrÄndG von 1979 (der mit dem RefE eines 17. StrÄndG identisch war) kritisiert (HORN 1980). Er bemängelte, daß der Entwurf keine Regelung darüber enthält, wieviel Freiheitsstrafe, d.h. Strafrest ein zu lebenslanger Freiheitsstrafe Verurteilter noch zu verbüßen hat, wenn die ihm gewährte Strafaussetzung widerrufen wird. HORN schlägt vor, die Reststrafe im Falle einer bedingten Strafaussetzung in Höhe der Hälfte der bereits verbüßten Strafe festzusetzen. Damit hätte der Strafrest bzw. die Reststrafe die Dauer von einem Drittel im Verhältnis zur Gesamtstrafe 'lebenslang', während die bereits verbüßte Strafe zwei Dritteln entspräche.

Weitere Kritik am Regierungsentwurf eines 17. StrÄndG wurde von einem Ministerialbeamten des hessischen Landesjustizministeriums geübt (GROSS 1979). Dieser Beamte war der Verfasser eines vom Bundesland Hessen 1973 im Rahmen des EGStGB im Bundesrat eingebrachten Gesetzesentwurfs zur Strafaussetzung bei lebenslanger Freiheitsstrafe.

Erstens schlug der Autor statt einer 15-jährigen eine Mindestverbüßungsdauer von 18 Jahren vor, um die dogmatische Abgrenzung zur höchsten zeitigen Freiheitsstrafe (15 Jahre) deutlicher werden zu lassen und um den Abstand zur durchschnittlichen Verbüßungsdauer im Rahmen der bisherigen Gnadenpraxis (20 Jahre) zu reduzieren. Zweitens wurde die Schuldschwere-Klausel als entlassungshemmendes zusätzliches Kriterium kritisiert, da ein Vollstreckungsgericht überfordert sei, wenn es die Schuld nachträglich nachbemessen soll. Drittens ergeben sich Probleme bei der Prüfung der Frage, inwieweit die 'Verteidigung der Rechtsordnung' durch eine Strafaussetzung berührt wird. Hat z.B. ein Taxi-Mord, der zufällig kurz vor der Entscheidung des Vollstreckungsgerichts begangen wird, das Gericht daran zu hindern, einen Taxi-Mörder zu entlassen? Oder darf eine Fernsehsendung über einen zurückliegenden Mord, der die Öffentlichkeit sehr erregt hat, Einfluß auf die aktuelle Entscheidung des Vollstreckungsgerichts haben? Durch die Berücksichtigung der 'Verteidigung der Rechtsordnung' werde zwar dem gesunden Volksempfinden Referenz erwiesen, jedoch bestünde die Gefahr, daß dabei die Einzelfallgerechtigkeit vernachlässigt werde. Viertens mache der Entwurf keine Angaben darüber, wie lange ein zu lebenslanger Freiheitsstrafe Verurteilter wegen seiner schweren Schuld oder der Verteidigung der Rechtsordnung über die 15-Jahresfrist hinaus im Strafvollzug bleiben muß. Das Vollstrekkungsgericht bleibe ohne Orientierung darüber, ob es die Strafverbüßung für weitere zwei, fünf, zehn, zwanzig Jahre oder länger über die Mindestverbüßungsdauer hinaus ausdehnen soll oder darf. Weiter wird bezweifelt, ob diese Unbestimmtheit mit dem Bestimmtheitsgebot der Verfassung (Art. 103 Abs. 2 GG) vereinbar ist. Der Autor erwägt daher die Möglichkeit, die Mindestverbüßungsdauer auf 20 Jahre zu erhöhen, um dann gänzlich auf die problematischen Kriterien der Schuldschwere und der Verteidigung der Rechtsordnung verzichten zu können. Fünftens kritisiert GROSS, daß der Entwurf nach der Entlassung eines Verurteilten die gegen ihn ausgesprochene lebenslange Freiheitsstrafe bestehen läßt und ein Widerruf der Strafaussetzung - mit der Konsequenz einer lebenlangen Inhaftierung - aufgrund des Grundsatzes der Verhältnismäßigkeit nur bei sehr schwerwiegenden Rückfällen in Betracht komme. Bei mittleren oder leichteren erneut begangenen Delikten müßte ein Widerruf deshalb unterbleiben. Damit stünde aber der aus lebenslanger Haft Entlassene besser als derjenige, bei dem eine zeitige Freiheitsstrafe zur Bewährung ausgesetzt wurde. Daher sollte eine Regelung in das Gesetz aufgenommen werden, die mit der Aussetzung der lebenslangen Freiheitsstrafe zugleich eine Umwandlung in eine zeitige Freiheitsstrafe vorschreibt, deren Rest dann zur Bewährung ausgesetzt wird. Sechstens wurde bemängelt, daß der Entwurf nicht regelt, in welcher Reihenfolge die lebenslange neben anderen Freiheitsstrafen vollstreckt werden soll. Siebtens sei eine Anpassung des StVollzG erforderlich, sofern die Schuldschwere und die Verteidigung der Rechtsordnung als entlassungshemmende Kriterien ins Gesetz aufgenommen werden. Eine Anpassung sei erforderlich, da sich der Fall ergeben könnte, daß die Vollzugsbehörde einen 'Lebenslänglichen' gemäß § 13 Abs. 3 StVollzG nach Ablauf von zehn Jahren regelmäßig Urlaub gewährt, die Vollstreckungskammer jedoch einige Jahre später eine Strafaussetzung nach § 57a StGB mit der Begründung der besonderen schweren Schuld oder der Verteidigung der Rechtsordnung ablehnt. Es wird deshalb vorgeschlagen, daß das Vollstreckungsgericht bei Maßnahmen der Vollzugsbehörde wie Urlaub, Frei- und Ausgang sowie Lockerung des Vollzugs beteiligt wird. Derartige Maßnahmen dürften nur dann für 'Lebenslange' gewährt werden, wenn zuvor das Vollstreckungsgericht festgestellt habe, daß die Schuldschwere und die Verteidigung der Rechtsordnung einer späteren Reststrafaussetzung nicht entgegenstünden. Achtens wird vorgeschlagen, die Bewährungszeit auf zehn Jahre zu erhöhen, da frühzeitige Entscheidungen des Vollstreckungsgerichts über die Strafaussetzung wünschenswert sind und die Bewährungszeit von der Rechtskraft einer solchen Entscheidung ab läuft. Die Bewährungszeit in Freiheit sollte dann mindestens fünf Jahre betragen.

Der Regierungsentwurf eines 17. StrÄndG wurde weiter von der Konferenz der katholischen Anstaltsgeistlichen und der Katholischen Arbeitsgemeinschaft für Straffälligenhilfe positiv bewertet, indem diese Verbände ihre volle Übereinstimmung mit den in diesem Entwurf vorgeschlagenen Vorschriften zum Ausdruck brachten (vgl. 'recht' 10/1980 vom 19.2.80).

In seiner Stellungnahme zum Regierungsentwurf aus dem Jahr 1979 - der mit dem Referentenentwurf (RefE) eines 17. StrÄndG identisch ist - machte der von der CDU/CSU-Opposition dominierte Bundesrat folgende Gegenvorschläge.

Erstens war er für eine 20-jährige Mindestverbüßungszeit. Zweitens schlug der Bundesrat eine andere Formulierung für die Prognoseklausel vor ('Gewährs'-Klausel). Als Bewährungszeit wurden drittens 5 - 10 Jahre vorgeschlagen. Viertens war der Bundesrat der Auffassung, daß die Antragssperrfrist maximal 3 Jahre betragen sollte. Fünftens kritisierte er, daß der Regierungsentwurf (RegE) keine Regelung enthält, die sich auf das Zusammentreffen mehrerer Verurteilungen zu lebenslanger Freiheitsstrafe und auf das Zusammentreffen von Verurteilungen zu lebenslanger und zu zeitiger Freiheitsstrafe bezieht. Sechstens bemängelte der Bundesrat, daß der RegE nicht die Reihenfolge regelt, in der mehrere Freiheitsstrafen bzw. lebenslange Freiheitsstrafe(n) zu vollstrecken sind. Schließlich wurde in einem siebten Punkt vorgeschlagen, die Vorschriften des StVollzG über die Gewährung von Urlaub sowie über Vollzugslockerungen für 'Lebenslängliche' mit den Regelungen des RegE zu harmonisieren.

Zu diesem Referenten- bzw. Regierungsentwurf äußerte sich also eine relativ große Zahl von Vertretern des Durchführungsstabes (die beiden Richter BECKMANN und HORN) bzw. Organisationen dieser Implementierungsstäbe (Bundesrechtsanwaltskammer und Deutscher Richterbund). Hier wird also deutlich, daß die Implementierungsstäbe (Richter, Anwälte) bzw. deren Organisationen durch Stellungnahmen versuchen, Einfluß auf den Gesetzgebungsprozeß auszuüben (vgl. hierzu BLANKENBURG/TREIBER 1975).

In der Übersicht 15 auf der folgenden Seite haben wir die verschiedenen Stellungnahmen - sofern sie alternative Vorschläge bzw. Kritik enthielten - zum RefE eines 17. StrÄndG, der mit dem RegE von 1979 identisch war, zusammengefaßt.

Abb. 21 Übersicht 15

Stellungnahmen zum Referentenentwurf eines 17. StrÄndG (1978)

RefE eines 17. StrÄndG (1978)	Bundesrechtsanwaltskammer (Dez. 1978)	Deutscher Richterbund (Febr. 1979)	ÖTV (Febr. 1979)	GROSS (1979)	BECKMANN (1979)	BUNDESRAT (1979)	HORN (1980)
Mindestverbüßungsdauer 15 Jahre		18 Jahre	12 Jahre	18 Jahre wegen dogmatischer Abgrenzung zur höchsten zeitigen Freiheitsstrafe (15 Jahre) und um den Abstand zur durchschnittlichen Verbüßungsdauer der Gnadenpraxis zu vermindern	15 Jahre sind nicht durch generalpräventive Argumente zu rechtfertigen und bedeuten einen gravierenden Eingriff in Grundrechte	20 Jahre	
Schuldschwere-Klausel	**ausreichend** als **alleiniger** entlassungsausschließender Grund			Streichung, da Vollstreckungsgericht überfordert ist, die Schuld nachträglich zu bestimmen	Schuld ist nicht rekonstruierbar und meßbar		
Verteidigung der Rechtsordnung	**nicht** ausreichend als **alleiniger** entlassungsausschließender Grund			Streichung, da diese Formel zu stark von der Stimmung in der Öffentlichkeit abhängt und die Einzelfallgerechtigkeit vernachlässigt	Leerformel		
„wenn **verantwortet** werden kann zu erproben, ob der Verurteilte außerhalb des Strafvollzugs keine Straftaten mehr begehen wird" (‚Verantwortungs'-Klausel)	Prognoseklausel sollte differenzieren zwischen **einschlägigem** Rückfallrisiko (Tötungsdelikte) und dem Risiko, **überhaupt** eine Straftat nach der Entlassung zu begehen.	Vorschlag einer Formulierung: „wenn gewährleistet ist, daß die **durch die Tat** angezeigte Gefährlichkeit nicht mehr besteht, und auch sonst verantwortet werden kann, zu erproben, ob der Verurteilte außerhalb des Strafvollzugs keine Straftaten mehr begehen wird"				„wenn die **Gewähr** besteht, daß der Verurteilte außerhalb des Strafvollzuges keine Straftaten mehr begehen wird" (‚Gewährs'-Klausel)	
Bewährungszeit 5 Jahre		5 – 10 Jahre		10 Jahre		5 – 10 Jahre	
Antragssperrfrist 18 Monate	2 Jahre					maximal 3 Jahre	
zwingende Mußvorschrift, ein Gutachten einzuholen		Soll-, statt Muß-Vorschrift					
				Umwandlung der lebenslangen Freiheitsstrafe in eine zeitige Freiheitsstrafe, deren Rest dann zur Bewährung ausgesetzt wird RefE regelt nicht die Reihenfolge, in der die lebenslange neben anderen Freiheitsstrafen vollstreckt werden soll Anpassung des StVollzG		Koordination von Entscheidungen über Aussetzung der Strafe bei **mehreren** Verurteilungen zu lebenslanger Freiheitsstrafe und bei Verurteilungen zu lebenslanger **und** zu zeitiger Freiheitsstrafe fehlt Regelung der **Reihenfolge** der Vollstreckung mehrerer Freiheitsstrafen und bei Verurteilungen zu lebenslanger **und** zu zeitiger Freiheitsstrafe fehlt Anpassung des StVollzG	Reststrafe bei bedingter Entlassung sollte in Höhe der bereits verbüßten Strafe festgesetzt werden.

Beim 'Weißen Ring', einem Verein zur Unterstützung von Kriminalitätsopfern, gab es laut Auskunft des damaligen Bundesjustizministers zunächst Bedenken gegen den Regierungsentwurf, die jedoch in der Schlußphase des Gesetzgebungsverfahrens nicht mehr artikuliert wurden. Laut Auskunft des 'Weißen Rings' hat sich dieser jedoch nicht zu diesem Gesetzgebungsverfahren geäußert. In der vom 'Weißen Ring' herausgegebenen Verbandszeitschrift wurde jedoch 1979 heftig kritisiert, daß aufgrund positiver Gutachten entlassene Gewalttäter häufig erneut ein schweres Verbrechen begehen. Deshalb forderte der Ordinarius für Soziologie H. SCHÖCK in dieser Zeitschrift, daß Gutachter, die verhängnisvolle Fehlgutachten erstellen, indem sie "menschliche Zeitbomben" auf die Bevölkerung loslassen, künftig für ihre Irrtümer haftbar gemacht werden sollten. Von Angehörigen von Opfern von Gewaltverbrechen gab es jedoch keine sich direkt auf dieses Gesetz beziehenden Eingaben oder Stellungnahmen (BMJ).

Die Medien haben sich bei diesem Gesetzgebungsverfahren stärker als bei anderen Verfahren engagiert (BMJ). Gegen dieses Gesetz war besonders ein Teil der politisch engagierten Medien, obwohl ein anderer Teil relativ viel Verständnis für dies Vorhaben zeigte. Gerade Journalisten haben z.T. sehr viel mehr Verständnis für diese Regelung als die Öffentlichkeit gezeigt (BMJ).

Ein Kriminologe und CDU-Mitglied korrespondierte über dieses Gesetz und die Kritik daran mit dem Vorsitzenden (CDU) des Rechtsausschusses und einem Berichterstatter (CDU) des Rechtsausschusses sowie einem Landesjustizminister (CDU). In mehreren Briefen äußerte dieser Kriminologe seine Bedenken hinsichtlich der Kritik der CDU/CSU am Regierungsentwurf. Da im Rahmen der Gnadenpraxis in der Bundesrepublik zunehmend früher als erst nach 20 Jahren begnadigt werde, sei es nicht sinnvoll, eine Mindestverbüßungsdauer von 20 Jahren einzuführen, wie es die CDU/CSU beabsichtigte. Auch sei eine 'Verwischung' des Unterschieds zwischen der höchsten zeitigen Freiheitsstrafe von 15 Jahren und der lebenslangen Freiheitsstrafe bei Geltung einer 15-jährigen Mindestverbüßungsdauer nicht zu befürchten. Dieser Unterschied werde nicht aufgehoben, da ein zu lebenslanger und ein zur höchsten zeitigen Freiheitsstrafe Verurteilter ceteris paribus, d.h. bei gleich günstiger Legalprognose erst nach 15 bzw. bereits nach 10 Jahren (2/3-Entlassung nach § 57 Abs. 1 StGB) oder sogar in Ausnahmefällen schon nach 7 1/2 Jahren (§ 57 Abs. 2 StGB) entlassen würden. Weiter sei die von der CDU/CSU vorgeschlagene 'Gewährs'-Klausel wirklichkeitsfremd, da es keine absolut sichere Prognose gäbe. Die von der CDU/CSU aufgestellte Behauptung, daß der Regierungsentwurf die Generalprävention schwächen und das Rechtsbewußtsein in der Bevölkerung, die Rechtssicherheit und die Verbrechensbekämpfung beeinträchtigen würde, sei spekulativ und könne durch nichts belegt werden (vgl. hierzu auch Abschnitt 6.1.). Die bisherige Gnadenpraxis in der Bundesrepublik und Erfahrungen im Ausland sprächen nicht für das Auftreten derartiger unerwünschter Effekte. Schließlich könne die CDU/CSU-Kritik des Regierungsentwurfs zu einer immer stärkeren Entfremdung von der kriminologischen Wissenschaft führen.

6.2. Welche Stellungnahmen waren hier besonders wichtig?

Von besonderer Bedeutung für die Argumentation des Bundesjustizministeriums war die Empfehlung des Ministerkomitees des Europarats aus dem Jahr 1976, bereits nach 8 bis 14 Jahren Verbüßungszeit zu prüfen, ob eine Entlassung eines zu lebenslanger Freiheitsstrafe Verurteilten in Frage kommt (BMJ). Weiter waren für das BMJ die Stellungnahmen der Strafrechtsausschüsse des Deutschen Richterbundes, der ÖTV und der Bundesrechtsanwaltskammer von Bedeutung für dies Gesetzgebungsverfahren. Von besonderem Gewicht war für das BMJ auch die Stellungnahme der katholischen Anstaltsgeistlichen, da die Anstaltsgeistlichen gewissermaßen an der 'vordersten Front' stehen und den Gefängnisalltag aufgrund ihrer Erfahrungen kennen.

Bei zwei der vier für das BMJ relevanten Stellungnahmen zum RefE eines 17. StrÄndG von 1978 handelte es sich also um Stellungnahmen der Implementierungsstäbe (Bundesrechtsanwaltskammer, Deutscher Richterbund).

6.3. Welche Teilregelungen waren konsensfähig und welche nicht?

Die beiden umstrittenen Teilregelungen waren zum einen die Prognoseklausel und zum anderen die Mindestverbüßungsdauer.

Das Ziel, das mit Hilfe der Prognoseklausel erreicht werden sollte - nämlich ein hohes Maß an Sicherheit und Schutz der Bevölkerung - war unumstritten. Kontroverser Auffassung war man jedoch über das Mittel, d.h. die angemessene Formulierung der Klausel (BMJ).

Da sich ein FDP-Rechtsausschußmitglied zunächst gegen die Prognoseklausel des Regierungsentwurfs aussprach und einen eigenen Vorschlag zur Formulierung dieser Klausel einbrachte, der sich an einem Vorschlag des Deutschen Richterbundes orientierte, ergaben sich für die damalige SPD/FDP-Regierungskoalition Probleme der Mehrheitsbildung im Rechtsausschuß. Die SPD besaß nämlich im Rechtsausschuß des Bundestages 12, die CDU/CSU ebenfalls 12 und die FDP 3 Stimmen. Da sich nun ein FDP-Rechtsausschußmitglied gegen die 'Verantwortungs'-Klausel des Regierungsentwurfs aussprach und damit auch die anderen beiden FDP-Mitglieder des Rechtsausschusses gegen diese Klausel waren, hätte sich bei einer Abstimmung über den Regierungsentwurf keine Mehrheit für diesen im Rechtsausschuß ergeben (RA-SPD). Aus rechtsdogmatischen Gründen lehnten das BMJ und die SPD jedoch den Formulierungsvorschlag des FDP-Rechtsausschußmitglieds ab und versuchten, das FDP-Mitglied und seine Parteifreunde im Ausschuß durch ein Kompromißangebot 'umzustimmen', so daß sich eine Mehrheit von SPD und FDP im Ausschuß ergab (BMJ, RA-SPD). Bis zum Zustandekommen dieses Kompromisses wurde jedoch sehr lange zwischen den Koalitionspartnern - d.h. der SPD und dem BMJ auf der einen Seite und dem FDP-Rechtsausschußmitglied auf der anderen Seite - gerungen (RA-SPD). Dieser Kompromiß bestand in der Einfügung einer spezifischen Sachverständigenregelung in § 454 StPO, die sich explizit auf die einschlägige Rückfallgefahr - d.h. die Wahrscheinlichkeit erneut ein Tötungsdelikt zu begehen - eines zu lebenslanger Freiheitsstrafe Verurteilten bezieht (BMJ).

Innerhalb des Bundesjustizministeriums hatte man sich überzeugen lassen, daß eine Mindestverbüßungsdauer von 12 Jahren nicht konsensfähig ist. Deshalb schlug das BMJ dann statt dieser 12 Jahre, eine Mindestverbüßungsdauer von 15 Jahren vor, da man im BMJ annahm, daß man sich mit der CDU/CSU-Opposition, die eine Mindestverbüßungsdauer von 20 Jahren vorschlug, auf 15 Jahre einigen könne. Die von den Unionsparteien geforderten 20 Jahre waren nach Auffassung des BMJ "nicht so ernst gemeint". Im BMJ vermutete man, daß die Union eine Mindestverbüßungsdauer von 18 Jahren wollte. So hatte sich z.B. der Justizminister Baden-Württembergs EYRICH (CDU) für eine Mindestverbüßungsdauer von 18 Jahren ausgesprochen. Zwischen diesen 18 Jahren und den 12 Jahren, die das BMJ zunächst im Auge hatte, lag eben eine Mindestverbüßungsdauer von 15 Jahren. Manche in der damaligen CDU/CSU-Opposition wären sicher auch mit einer 15-jährigen Mindestverbüßungsdauer zufrieden gewesen (BMJ). Das BMJ wollte also mit seinen 15 Jahren Kompromißbereitschaft signalisieren (BMJ). Die CDU/CSU hatte sich jedoch im Laufe der Beratungen bei ihrer 'plakativen' Forderung von 20 Jahren zunehmend verhärtet (RA-FDP). Sie hätte jedoch wissen müssen, daß sie ihre plakativ an die Bevölkerung gerichtete Forderung von 20 Jahren letztlich aufgrund der Mehrheitsverhältnisse im Rechtsausschuß sowie im Bundestag nicht durchsetzen kann (RA-FDP).

Ein Rechtsausschußmitglied, das sich in diesem Gesetzgebungsverfahren stark engagierte, war der Auffassung, daß die Kompromißmöglichkeiten zwischen den Fraktionen bei den Beratungen nicht ausgeschöpft worden seien (RA-FDP).

Die Vorstellungen, die die verschiedenen Parteien über mögliche Kompromißlösungen in den Rechtsausschußberatungen hatten, haben wir in der Übersicht 16 auf der folgenden Seite zusammengefaßt.

Abb. 22 Übersicht 16

Kompromißvorstellungen der Parteien im Rechtsausschuß des Bundestages

Partei	SPD/FDP	CDU/CSU
Kompromiß-angebot	ENGELHARD-Klausel	ENGELHARD-Klausel
erwartete Gegenleistung	Mindestverbüßungs-dauer, die nicht 'deutlich' höher als 15 Jahre ist	Mindestverbüßungsdauer 20 Jahre
Quelle	Experteninter-views Rechtsausschuß-protokoll der 90. Sitzung v. 27.2.80, S. 8	Bundestagsprotokoll der 216. Sitzg. vom 13.5.80, S. 17 370 CDU/CSU-Bundestags-fraktion - Stichworte dieser Woche, 14.5.80 S. 13 CSU-Pressemitteilungen, Nachrichten aus der CSU-Landesgruppe im Deutschen Bundestag vom 27.2.80 Bundestagsprotokoll der 46. Sitzg. vom 25.6.81, S. 2670

Obwohl sich nun Vertreter aller drei Fraktionen in einem informellen interfraktionellen Treffen am 24.1.1980 im Restaurant des Bundeshauses auf eine gemeinsame Lösung, nämlich die ENGELHARD-Prognoseklausel geeinigt hatten, kam es im Rechtsausschuß zu keinem Kompromiß. In der Sitzung des Rechtsausschusses des Bundestages am 27.2.1980 erklärte das FDP-Rechtsausschußmitglied ENGELHARD, sein Formulierungsvorschlag für eine Prognoseklausel stehe jedoch unter dem Vorbehalt einer Einigung über die Höhe der Mindestverbüßungsdauer (Protokoll der 90. Rechtsausschußsitzung vom 27.2.80, S. 7). Unter dem gleichen Vorbehalt bezeichnete der Berichterstatter der CDU/CSU HARTMANN diesen Formulierungsvorschlag als akzeptabel (Protokoll der 90. Rechtsausschußsitzung vom 27.2.80, S. 7). Die Äußerung von ENGELHARD bedeutete offenbar, daß die FDP im Rechtsausschuß nur dann für die von ihm formulierte Klausel votieren würde, wenn die CDU/CSU eine niedrigere Mindestverbüßungsdauer als 20 Jahre akzeptieren würde. Die gleiche Auffassung vertrat der Vorsitzende des rechtspolitischen Arbeitskreises der SPD EMMERLICH, der in dieser Sitzung zum Ausdruck brachte, daß keine Einigung, d.h. Zustimmung zur ENGELHARD-Klausel von der SPD zu erwarten sei, wenn die CDU/CSU bei der Mindestverbüßungsdauer "deutlich" über 15 Jahre hinausgehen sollte (Protokoll der 90. Rechtsausschußsitzung vom 27.2.80, S. 8).

Der Kompromiß zwischen den drei Fraktionen im Rechtsausschuß im Sinne einer Einigung auf die ENGELHARD-Klausel kam nun nicht zustande, da die CDU/CSU bei ihrer 20-jährigen Mindestverbüßungsdauer blieb, indem die CDU/CSU von ihrem Berichterstatter einen entsprechenden Antrag (Mindestverbüßungsdauer 20 Jahre) einbringen ließ, der dann von der SPD und FDP gegen die Stimmen der CDU/CSU abgelehnt wurde. Daraufhin erhob der Berichterstatter der CDU/CSU die ENGELHARD-Klausel zum Antrag, der wiederum von der SPD und FDP gegen die Stimmen der CDU/CSU abgelehnt wurde. D.h. das Rechtsausschußmitglied ENGELHARD (FDP) stimmte - wie alle anderen FDP- und SPD-Mitglieder - gegen seinen eigenen Formulierungsvorschlag, da sich die CDU/CSU, nach Auffassung der SPD und FDP, als nicht kompromißbereit in der Frage der Mindestverbüßungsdauer gezeigt hatte.

5.1.5.1.7. Zur Entscheidung und Begründung

7.1. Welche Argumente für oder gegen eine bestimmte Teilregelung waren von besonderem Gewicht und/oder wurden häufig vertreten?

Eine entscheidende Rolle hat die Formulierung einer Prognoseklausel gespielt (RA-SPD). So wollten sowohl der Koalitionspartner FDP, wie auch die CDU/CSU-Opposition Prognoseklauseln, die sich von der 'Verantwortungs'-Klausel aus dem Regierungsentwurf - die dem § 57 StGB entnommen war - unterschieden. Die Auseinandersetzung um die Formulierung einer Prognoseklausel war jedoch keine politische, da es der SPD und dem BMJ in der

Argumentation darum ging, deutlich zu machen, daß eine Sonderklausel, die von der Prognoseklausel in § 57 StGB abweicht, zu rechtsdogmatischen Problemen führt. Eine derartige Sonderklausel hätte - so lautete das immerwiederkehrende Argument des BMJ - unerwünschte Rückwirkungen auf die Prognoseklausel des § 57 StGB, die darin bestünden, die Klausel des § 57 StGB nicht mehr so ernst zu nehmen, d.h. an diese Klausel geringere Anforderungen zu stellen, als an die neue Sonderklausel des neuen § 57a StGB (BMJ). Das BMJ führte für die Übernahme der Prognoseklausel des § 57 StGB in die neue Regelung das Argument an, daß die Klausel des § 57 StGB bereits die von der FDP geforderten Überlegungen zur Differenzierung zwischen Tötungs- und Bagatelldelikten implizit enthalte (BMJ). Daher sei die Formulierung einer Sonderklausel für den neuen § 57a StGB, die diesen Sachverhalt berücksichtige, überflüssig und nicht erforderlich (BMJ).

Nach Auffassung des BMJ war es für die Rechtsausschußmitglieder auch aufgrund ihrer Beschäftigung mit einer Vielzahl anderer Dinge im Rahmen ihrer Abgeordnetenfunktion schwierig, diese rechtsdogmatischen Probleme zu erkennen und deren Konsequenzen einzuschätzen (BMJ).

Das BMJ argumentierte weiter, daß nach der geltenden Klausel des § 57 StGB nur dann entlassen werde, wenn mit großer Sicherheit vorauszusehen wäre, daß keine schwerwiegende Straftat mehr begangen wird. Da nun das Maß der Sicherheit für eine derartige Prognose um so höher sein müsse, je schwerer die Strafe ist, bräuchte man keine neue Klausel für den § 57a StGB (BMJ).

Die Kompromißlösung, auf die sich schließlich das BMJ und die FDP einigten, eine Sachverständigenregelung in § 454 StPO einzuführen, die sich explizit auf die einschlägige Rückfallwahrscheinlichkeit von 'Lebenslänglichen' bezieht, führt nicht zu rechtsdogmatischen Problemen (wie eine Sonderklausel) und formuliert explizit eine Selbstverständlichkeit (BMJ).

Hinsichtlich einer 15-jährigen Mindestverbüßungsdauer, wie sie die SPD/FDP-Bundesregierung vorschlug, lautete das Hauptargument der CDU/CSU-Opposition, daß dadurch faktisch der

Unterschied zwischen der i.d.R. zu verbüßenden lebenslangen und der höchsten zeitigen Freiheitsstrafe (15 Jahre) 'verwischt' und nivelliert würde. Diesem Haupteinwand der CDU/CSU hielten das BMJ, die SPD und die FDP entgegen, daß der Unterschied zwischen der höchsten zeitigen Freiheitsstrafe (15 Jahre) und der faktisch i.d.R. zu verbüßenden lebenslangen Freiheitsstrafe nicht aufgehoben werde, da ein zu lebenslanger und ein zur höchsten zeitigen Freiheitsstrafe Verurteilter ceteris paribus, d.h. bei gleich günstiger Legalprognose erst nach 15 bzw. bereits nach 10 Jahren (2/3-Entlassung nach § 57 Abs. 1 StGB) oder in Ausnahmefällen sogar nach 7 1/2 Jahren entlassen würden. Weiter hielt die SPD dem Einwand der Opposition folgende Argumente entgegen. Erstens werde die lebenslange Freiheitsstrafe weiter verhängt, zweitens werde in bestimmten Fällen länger als 15 Jahre vollstreckt und drittens werde in Ausnahmefällen sogar lebenslang vollstreckt (RA-SPD).

Die Hauptargumente des Bundesjustizministeriums gegen eine 20-jährige Mindestverbüßungsdauer lauteten: Warum müssen die Bürger der Bundesrepublik Deutschland stärker abgeschreckt werden als europäische Nachbarn, die geringere Mindestverbüßungszeiten haben? Welche Zahlen sprechen dafür, daß Bürger der Bundesrepublik mordgeneigter und daher abschreckungsbedürftiger als ihre europäischen Nachbarn sind? Warum sind es gerade diese fünf Jahre mehr (15 vs. 20 Jahre Mindestverbüßungsdauer), die entscheidend für den generalpräventiven Effekt sind? Außerdem bewege sich eine Mindestverbüßungsdauer von 15 Jahren völlig im europäischen Rahmen und stelle keine Abweichung dar (BMJ). Für das BMJ war die Frage, ob 12, 15 oder 20 Jahre Mindestverbüßungsdauer, keine rational begründbare Sachfrage, sondern eher eine Frage grundlegender rechtspolitischer Vorstellungen (BMJ).

Ein anderes Argument der CDU/CSU-Opposition gegen eine 15-jährige Mindestverbüßungsdauer lautete, daß dies zu einer Veränderung des gesamten Strafgefüges für andere Delikte führen würde, da die Verbüßung einer faktisch zeitigen Freiheitsstrafe (15 Jahre) bei schwersten Delikten wie Mord zur Folge hat, daß auch bei geringeren Delikten mildere Strafen verhängt würden. Rechtsausschußmitglieder der SPD und FDP hielten eine Verschiebung des restlichen Strafgefüges jedoch nicht für wahrscheinlich. Die von der CDU/CSU formulierte Annahme, daß die Gerichte mit Blick auf die angeblich auf 15 Jahre reduzierte lebenslange Freiheitsstrafe, für andere schwere Delikte geringere Strafen aussprechen, wurde von einem Rechtsausschußmitglied der SPD als 'Spökenkiekerei' bezeichnet. Interessanterweise war jedoch ein Ministerialbeamter eines SPD-geführten Landesjustizministeriums der Auffassung, daß es sinnvoll wäre, sich für eine 18-jährige Mindestverbüßungsdauer zu entscheiden, um das restliche Strafgefüge nicht zu beeinträchtigen. Daß die Vorschriften des Regierungsentwurfs unerwünschte Auswirkungen auf das restliche Strafgefüge haben, war die feste Überzeugung eines CDU-Mitglieds des Vermittlungsausschusses.

Andere entscheidende Argumente bezogen sich auf die Bedingung, daß eine Entlassung nur dann in Frage kommt, wenn "nicht die besondere Schwere der Schuld des Verurteilten, die weitere Vollstreckung gebietet" ('Schuld-Klausel'). Da nämlich das Ausmaß der Schuld bei zu lebenslanger Freiheitsstrafe Verurteilten sehr unterschiedlich sein kann, sollte die Schuld eine Rolle bei der Strafrestaussetzung spielen (RA-SPD). Die Schuld-Klausel wurde nun u.a. wegen NS-Gewalttätern in das Gesetz aufgenommen, deren Entlassung der Bevölkerung nicht zuzumuten wäre (BMJ). In der Diskussion und Beratung zu diesem Gesetz hat dies Argument jedoch explizit keine Rolle gespielt und wurde öffentlich nicht erwähnt.

Ob durch die Einführung dieser Schuldschwere-Klausel eine Begünstigung von NS-Tätern durch die bisherige Gnadenpraxis verhindert bzw. kompensiert werden sollte, bleibt eine offene Frage bzw. Vermutung. Immerhin belegen die Untersuchungen von ALBRECHT 1977 (S. 151) und OPPITZ 1977, daß NS-Täter hinsichtlich Vollstreckungsdauer und Begnadigungshäufigkeit durchaus eine bevorzugende Sonderbehandlung im Vergleich zu anderen 'Lebenslänglichen' genießen.

Kritik an dieser Schuldschwere-Klausel kam nun u.a. interessanterweise aus den eigenen Reihen, nämlich von einem SPD-geführten Landesjustizministerium (Hessen), das vor allem auf zwei mit dieser Klausel verknüpfte Probleme hinwies. Zum einen entstünde bei Anwendung der Schuld-Klausel durch ein Gericht das Problem, wie dies Gericht die Schuld einer Jahrzehnte zurückliegenden Tat im nachhinein ermitteln bzw. nachwägen solle, angesichts dessen, daß die Schwere der Schuld in keinem Tatsachenverfahren nachprüfbar ist. Das zweite Problem besteht darin, daß diese Klausel dem Richter einen völlig offenen Straf- und damit auch einen völlig offenen Vollzugsrahmen überläßt, was insbesondere verfassungsrechtlich bedenklich ist, da Art. 103 Abs. 2 des Grundgesetzes vorschreibt, eine Strafe solle im Strafmaß bestimmt sein (LJM-SPD).

5.2. Die entscheidungstheoretisch orientierte Inhaltsanalyse

Als hypothesengeleitet ist die Durchführung einer Inhaltsanalyse mit Hilfe entscheidungstheoretischer Konzepte und Hypothesen zu betrachten. Das Erhebungsmaterial für diese Inhaltsanalyse besteht dabei aus den stenographischen Protokollen der Beratungen des Rechtsausschusses des Deutschen Bundestages zum § 57a StGB. Es handelte sich dabei um die stenographischen und -Beschlußprotokolle der folgenden Sitzungen des Rechtsausschusses des Bundestages:

- 85. Sitzung am 16.1.80 (31 Seiten)
- 86. Sitzung am 23.1.80 (23 Seiten)
- 90. Sitzung am 27.2.80 (17 Seiten)
- 10. Sitzung am 1.4.81 (4 Seiten)
- 13. Sitzung am 13.5.81 (10 Seiten)

Zusätzlich wurden auch alle Anlagen zu den jeweiligen Protokollen berücksichtigt. Diese Anlagen enthielten Formulierungsvorschläge des BMJ ('Formulierungshilfen'), Übersichten oder Änderungsanträge. Technisch gesprochen handelt es sich also um eine Totalerhebung aller Rechtsausschußprotokolle zu diesem Gesetzgebungsverfahren. Damit erübrigen sich stichprobentheoretische Überlegungen.

Die Analyse dieser Protokolle halten wir für sinnvoll und

ergiebig, da die Beratungen in dem genannten Gremium folgende Funktionen haben:

- Mitteilung eigener Argumente bezüglich strafrechtlicher Regelungen
- Wahrnehmung der Argumente anderer Personen
- Überzeugung anderer Personen durch eigene Argumente

Da die Sitzungen nicht-öffentlichen Charakter haben, kann man davon ausgehen, daß erstens keine Äußerungen auftreten, die allein der Beeinflussung des Wählers dienen, d.h., daß das in Parlamentsdebatten so beliebte "zum Fenster hinaus reden" nicht auftritt. Zweitens dürften auch Attackierungen des politischen Gegners kaum vorkommen[15)]. Drittens halten wir die Annahme für plausibel, daß es den Mitgliedern um eine Diskussion und Abwägung von Vor- und Nachteilen von Regelungen geht. Viertens dürfte es zutreffen, daß sich die Mitglieder auf das zu lösende Sach- und Entscheidungsproblem konzentrieren[16)].

Die geplante hypothesentestende Inhaltsanalyse soll in folgenden Arbeitsschritten durchgeführt werden. In einem ersten Schritt werden die Protokolle systematisch auf verwendete Argumente durchgesehen, die sich auf diskutierte Regelungsvorschläge und deren Teilregelungen beziehen. Als 'Argumente' wollen wir in diesem Zusammenhang Aussagen bezeichnen, in denen davon die Rede ist, daß eine bestimmte Regelungsalternative spezifische erwünschte bzw. unerwünschte Konsequenzen zur Folge hat oder - allgemeiner formuliert - bestimmte positiv oder negativ bewertete Merkmale besitzt. Der zweite Schritt besteht in einer 'Zerlegung' dieser Argumente in ihre Bestandteile unter Zuhilfenahme entscheidungstheoretischer Kategorien wie: Entscheidungsalternativen, Konsequenzen, deren subjektive Auftrittswahrscheinlichkeit sowie deren Nutzen.

5.2.1. Zum Skalen- bzw. Meßniveau von Argumenten und den entsprechenden Entscheidungsregeln

Die in den Argumenten enthaltenen Äußerungen, die sich auf die subjektive Wahrscheinlichkeit und den Nutzen von Regelungskonsequenzen beziehen, dürften nun generell nur auf einem relativ niedrigem Meß- oder Skalenniveau formuliert sein. Einschätzungen der subjektiven Wahrscheinlichkeit dürften entweder auf nominalem Meßniveau ('tritt auf'/'tritt nicht auf') oder ordinalem Meßniveau ('wahrscheinlicher'/'unwahrscheinlicher') formuliert sein. Einschätzungen des Nutzens dürften ebenfalls entweder auf nominalem ('erwünscht'/'unerwünscht') oder aber bestenfalls auf ordinalem Meßniveau ('besser'/'schlechter') formuliert sein. Selbstverständlich sind hier auch andere semantisch äquivalente Ausdrücke und Formulierungen denkbar, als die in den Klammern genannten Ausdrücke (vgl. Übersicht 18 und 19 in Abschnitt 5.2.3.1.).

Bei Anwendung von Entscheidungsregeln auf Entscheidungssituationen, wie wir sie in unserem Untersuchungsbereich vorliegen haben, scheiden also solche Entscheidungsregeln aus, die ein höheres Meßniveau, d.h. Intervall- oder Ratioskalenqualität erfordern. GALLHOFER und SARIS haben nun eine Klassifikation von Entscheidungsregeln entwickelt, die sich am jeweiligen Meßniveau der Nutzen- und Wahrscheinlichkeitsaussagen orientiert. Dabei haben sie z.T. neue Entscheidungsregeln wie die 'risk-avoiding-rules' oder die 'reversed SIMON-rule' entwickelt. Auf der folgenden Seite befindet sich diese Klassifikation von Entscheidungsregeln (vgl. Übersicht 17), wie sie GALLHOFER und SARIS entwickelt haben (vgl. GALLHOFER/SARIS 1979 b, S. 428 u. 1982, S. 7. Für weitere Entscheidungsregeln, die jedoch ein höheres Meßniveau voraussetzen vgl. z.B. MONTGOMERY/SVENSON 1976, SVENSON 1979 u. ASCHENBRENNER 1979).

Abb. 23 Übersicht 17

Klassifikation von Entscheidungsregeln gemäß dem Meßniveau der Nutzen- und Wahrscheinlichkeitsaussagen

		Meßniveau der Nutzenwerte	
		ORDINAL	NOMINAL
Meßniveau der subjektiven Wahrscheinlichkeit	ORDINAL	(1) SEU-Kriterium	(4) risk-avoiding-rules
	NOMINAL	(2) Dominanz-Kriterium (3) Lexikographische Regel	(5) SIMONs satisficing rule (6) reversed SIMON rule

Wir wollen die in Übersicht 17 aufgeführten Entscheidungsregeln kurz erläutern (für technischer gehaltene, d.h. formalisierte Definitionen dieser Entscheidungsregeln vgl. MONTGOMERY/SVENSON 1976 und die dort angegebene Lit.).

(1) <u>SEU-Kriterium</u>

Das '<u>s</u>ubjective <u>e</u>xpected <u>u</u>tility'-Kriterium läßt sich folgendermaßen definieren:

$$SEU\ (R_j) \longrightarrow max$$

wobei: $$SEU\ (R_j) = \sum_{i=1} SW_{ij} . NU_{ij}$$

SW_{ij} : = subjektive Auftrittswahrscheinlichkeit der Konsequenz K_i bei der Regelung R_j

NU_{ij} : = Nutzen der Konsequenz K_i der Regelung R_j

n : = Zahl der perzipierten Konsequenzen

Nach dieser Regel ist diejenige Regelungsalternative zu wählen, für die der subjektiv erwartete Nutzen ein Maximum erreicht[17]. Obwohl diese Entscheidungsregel strenggenommen ein höheres Meßniveau als Ordinalskalenniveau voraussetzt, halten wir die Annahme für gerechtfertigt, daß ordinal formulierte Angaben gewissermaßen 'Übersetzungen' von Aussagen auf höherem Meßniveau in die Umgangssprache darstellen. Akzeptiert man diese Annahme, erscheint die Anwendung dieser Entscheidungsregel auch auf 'nur' ordinal formulierte Nutzen- und Wahrscheinlichkeitsschätzungen möglich und sinnvoll zu sein (vgl. zu diesem Argument GALLHOFER/SARIS 1982, S. 8).

(2) <u>Dominanz-Regel</u>

Diese Regel schreibt vor, sich für jene Alternative zu entscheiden, die auf mindestens einer Dimension (z.B. auf der Dimension 'Generalprävention') besser als die anderen Alternativen und nicht schlechter als die anderen Alternativen auf allen anderen Dimensionen ist.

(3) Lexikographische Regel

Diese Regel legt nahe, sich für diejenige Alternative zu entscheiden, die auf der wichtigsten Dimension am besten ist.

(4) risk-avoiding-rules

Gemäß diesen Regeln ist diejenige Alternative auszuwählen, die mit der höchsten subjektiven Wahrscheinlichkeit zu einer Konsequenz mit positivem Nutzen führt. Formal äquivalent mit dieser Aussage ist die Formulierung, jene Alternative zu wählen, die mit der geringsten subjektiven Wahrscheinlichkeit zu einer Konsequenz mit einem negativen Nutzen führt (zum Beweis dieser Äquivalenz vgl. GALLHOFER/SARIS 1979 b, S. 441 f. u. 1982, S. 6).

(5) SIMONs satisficing rule

Dies Kriterium postuliert, die erste Alternative zu wählen, die nur zu Konsequenzen mit einem positiven Nutzen führt.

(6) SIMONs reversed rule

Nach dieser Regelung scheiden alle Alternativen aus, die nur zu Konsequenzen mit negativem Nutzen führen, wenn eine Alternative existiert, die zu mindestens einer Konsequenz mit positivem Nutzen führt.

5.2.2. Die entscheidungstheoretische Hypothese

Dem jeweiligen Meßniveau entsprechend, auf dem Nutzen- und Wahrscheinlichkeitsaussagen formuliert werden, lassen sich nun falsifizierbare Hypothesen zur Erklärung der faktisch vorgeschlagenen Alternativen formulieren. Welche Entscheidungsregel zur Erklärung der präferierten Alternative verwendet wird, hängt also vom jeweiligen Meßniveau ab. Als bestätigt (falsifiziert) wird eine Hypothese dann betrachtet, wenn die dem Meßniveau entsprechende(n) Entscheidungsregel(n) die faktische Entscheidung für oder gegen eine bestimmte Alternative (nicht) zutreffend prognostiziert. Die entsprechende forschungsleitende entscheidungstheoretische Hypothese lautet:

> Die faktische Entscheidung der Entscheidungsinstanz E_k für oder gegen die Regelungsalternative R_j läßt sich unter Anwendung der aufgrund des jeweiligen Meßniveaus ausgewählten Entscheidungsregel ex-post prognostizieren.

Diese Hypothese ist ableitbar aus folgender allgemeiner Hypothese:

> Wenn eine Entscheidungsregel dem jeweiligen Meßniveau entspricht, auf dem die Argumente formuliert wurden, dann läßt sich mit Hilfe dieser Entscheidungsregel die faktische Entscheidung der Entscheidungsinstanz E_k für oder gegen die Alternative R_j ex-post prognostizieren.

5.2.3. Zur Vorgehensweise bei der entscheidungstheoretisch orientierten Inhaltsanalyse

5.2.3.1. Zur Explikation von Argumentationsstrukturen in den Beratungen des Rechtsausschusses des Deutschen Bundestages

Der erste Schritt unseres methodischen Vorgehens besteht aus einem mehrmaligen intensiven Durchlesen der stenographischen Protokolle der Beratungen des Rechtsausschusses des Deutschen Bundestages zu diesem Gesetzgebungsverfahren und der anschließenden Explikation von Argumenten, d.h. von Aussagen, die sich auf:

(1) Regelungsalternativen
(2) Regelungskonsequenzen

(3) die subjektive, positive oder negative Bewertung (Nutzen) von (2)

(4) die subjektive Auftrittswahrscheinlichkeit von (2)

beziehen. Dabei wurden die explizierten Argumente denjenigen Personen (d.h. Mitgliedern des Rechtsausschusses und Ministerialbeamten des BMJ) zugeordnet, die das jeweilige Argument formuliert haben.

Inhaltsanalytisch betrachtet handelt es sich hier also um eine theoriegeleitete Kategorienbildung, da aus dem entscheidungstheoretischen Ansatz 'abgeleitet' wird, auf welche Merkmale bzw. Kategorien sich die Analyse des Textmaterials beziehen soll (vgl. hierzu FRÜH 1981, S. 135 ff.). Die Kategorien (1) bis (4) wurden also durch die Terme der Entscheidungstheorie nahegelegt bzw. aus diesen 'extrahiert'.

Die Codierung der Kategorien (1) und (2) halten wir für so unproblematisch, daß hierfür keine expliziten Codierregeln formuliert wurden. Für die Codierung der Kategorien (3) und (4) führten wir jedoch folgende Codieranweisungen ein:

Abb. 24 Übersicht 18

Codierregeln für die Kategorie des 'Nutzens'

KATEGORIE (3)	CODIERANWEISUNG
positiver oder negativer Nutzen einer Regelungskonsequenz	CODIERREGEL I: Alle Äußerungen, aus denen die Bewertung klar hervorgeht BEISPIEL: 'unerwünscht', 'angemessen', 'überflüssig'
	CODIERREGEL II: Alle Äußerungen, aus denen die Bewertung erschlossen werden kann BEISPIEL: 'Entlassungsautomatik', 'Überforderung', 'Einengung'

Die Codierregel II ist erforderlich, da Äußerungen, die sich auf Konsequenzen beziehen, oft gleichzeitig eine implizite Bewertung dieser Konsequenz aufgrund ihrer emotiven[18] Formulierung erhalten (vgl. hierzu GALLHOFER/SARIS 1979 a, S. 415 u. 1979 b, S. 435). Häufig verzichten die Entscheidungsträger auch auf eine explizite Erwähnung einer Bewertung von Konsequenzen, wenn der Nutzen der entsprechenden Konsequenz gewissermaßen intersubjektiv 'evident' ist und kein Zweifel bezüglich dieses Nutzens besteht (vgl. hierzu GALLHOFER/SARIS 1979, S. 99 u. 103). Für die Kategorie (4) führten wir folgende Codierregel ein:

Abb. 25 Übersicht 19

Codierregel für die Kategorie der 'subjektiven Wahrscheinlichkeit'

KATEGORIE (4)	CODIERANWEISUNG
subjektive Auftrittswahrscheinlichkeit einer Regelungskonsequenz	Alle Äußerungen, die sich auf Auftreten bzw. Nicht-Auftreten von Regelungskonsequenzen beziehen BEISPIEL: 'ermöglicht', 'führt zu', 'verhindert', 'wird keineswegs'

Das Ergebnis unserer Codierungen ist in den Übersichten 20 - 23 festgehalten, die folgendermaßen aufgebaut sind. Die Kopfzeile dieser Tabellen enthält die verschiedenen Regelungsalternativen, während in den restlichen Zeilen die Argumente aufgeführt sind, die eine bestimmte Person im Rechtsausschuß hinsichtlich einer bestimmten Regelungsalternative formuliert hat. In der ersten Spalte stehen die Personen und deren Parteizugehörigkeit bzw. das Kürzel 'BMJ', falls es sich um Ministerialbeamte des Bundesministeriums der Justiz handelt. Die von den Personen erwarteten Konsequenzen sind durchnumeriert, wobei semantisch identisch formulierten Konsequenzen gleiche Indexzahlen zugeordnet wurden. Hinter jeder Konsequenz ist die Seite des Rechtsausschußprotokolls angegeben, auf der diese Konsequenz erwähnt wird. Ein '+' indiziert einen positiven, ein '-' einen negativen Nutzen, den eine Person einer Konsequenz zuschreibt. Die Übersicht enthält also die jeweiligen Nutzenwerte, die eine Person den Konsequenzen einer Regelungsalternative zuschreibt.

$NU_{K_{ijs}}$ = perzipierter positiver (+) oder negativer (-) Nutzen einer Konsequenz K_i einer Regelungsalternative R_j den die Person P_s perzipiert

wobei: i = Konsequenzenindex
j = Index der Regelungsalternative
s = Personenindex

Aus Gründen der Übersichtlichkeit haben wir in den folgenden Übersichten jedoch bei den Nutzenwerten auf die Indizierung der jeweiligen Regelungsalternative (j) sowie der Person (s) verzichtet.

Abb. 26 Übersicht 20 (Teil I)

Argumentationsstruktur im Rechtsausschuß des Bundestages (Sitzung vom 16.1.1980)

Regelungsalternativen / Personen	Regierungsentwurf: Mindestverbüßungsdauer 15 Jahre (R_1)	Regierungsentwurf: ‚Verantwortungs'-Klausel (R_2)	Bundesratsentwurf: Mindestverbüßungsdauer 20 Jahre (R_3)	Bundesratsentwurf: ‚Gewährs'-Klausel (R_4)	Richterbund-Klausel (R_5)
Hartmann (CSU) P_1	Verkürzung der Regelverbüßungszeit (-) S. 19 K_{16} ↓ unerwünschte Veränderungen des übrigen Strafgefüges (-) S. 19/29 K_{13}	Entlassungsautomatik (-) S. 17/33 K_{10} unerwünschter Rückschluß, daß das Maß der Verantwortung bei einer Prognose bei § 57a StGB nicht höher zu sein braucht als bei § 57 StGB (-) S. 53/55 K_4	Abgrenzung von zeitiger und lebenslanger Freiheitsstrafe (+) S. 17/18 K_7	keine Entlassungsautomatik (+) S. 17 K_9	keine unerwünschte Rückwirkung auf die Klausel des § 57 StGB, da unterschiedliche Anforderungen an die Prognose verdeutlicht werden (+) S. 53 K_3
Klein (CDU) P_2		unerwünschter Rückschluß, daß das Maß der Verantwortung bei einer Prognose bei § 57a StGB nicht höher zu sein braucht als bei § 57 StGB (-) S. 53 K_4			keine unerwünschte Rückwirkung auf die Klausel des § 57 StGB, da unterschiedliche Anforderungen an die Prognose verdeutlicht werden (+) S. 53 K_3
Lenz (CDU) P_3	Auftreten von Gnadenentscheidungen vor Ablauf der Mindestverbüßungsdauer bei günstiger Prognose S. 24 K_{21} ↓ tatsächliche Verbüßungszeit geringer als die Mindestverbüßungsdauer (-) S. 25 K_{22} Annäherung der Mindestverbüßungsdauer an die Höchstdauer der zeitigen Freiheitsstrafe (-) S. 25 K_8 ↓ Herabzonung von Delikten, die bisher mit lebenslanger Freiheitsstrafe bedroht sind (-) S. 25 K_{23}				
Lambinus (SPD) P_4	in Verbindung mit den Bedingungen ‚Schwere Schuld' u. ‚Verteidigung der Rechtsordnung' ↓ deutliche Abgrenzung zwischen lebenslänglicher u. höchster zeitiger Freiheitsstrafe (+) S. 19 K_7 kein Rat der Staatsanwaltschaft an den Ministerpräsidenten einen Gnadenerweis zu erlassen, wenn die lebenslange Freiheitsstrafe vom Gericht nicht ausgesetzt wird S. 29 K_{42} ↓ Keine Konkurrenz zwischen Gnade und Recht (+) S. 29/30 K_{11}			Unmöglichkeit für den Richter, die Verantwortung zu übernehmen, daß die Gewähr besteht (-) S. 34 K_{12} Unterlaufen des Bundesverfassungsgerichts-Auftrags an den Gesetzgeber (-) S. 34 K_{24} → Überflüssigkeit des Gesetzes (-) S. 34 K_{25}	
Engelhard (FDP) P_5	keine Beseitigung des Unterschieds zwischen höchster zeitiger und lebenslanger Freiheitsstrafe (+) S. 20 K_7	keine Differenzierung zwischen Bagatell- und Wiederholungstaten (Tötungsdelikten) (-) S. 35 K_1		keine Differenzierung zwischen Bagatell- und Wiederholungstaten (Tötungsdelikten) (-) S. 35 K_1	

Abb. 26 (Forts.) Übersicht 20 (Teil II)

Argumentationsstruktur im Rechtsausschuß des Bundestages (Sitzung vom 16.1.1980)

Regelungsalternativen / Personen	Regierungsentwurf: Mindestverbüßungsdauer 15 Jahre (R_1)	Regierungsentwurf: ‚Verantwortungs'-Klausel (R_2)	Bundesratsentwurf: Mindestverbüßungsdauer 20 Jahre (R_3)	Bundesratsentwurf: ‚Gewährs'-Klausel (R_4)	Richterbund-Klausel (R_5)
v. Bülow (BMJ) P_6	Berücksichtigung der Empfehlung des Ministerkomitees des Europarats, nach 8-14 Jahren zu prüfen, ob eine Entlassung in Frage kommt (+) S. 28 K_{26}	Differenzierung zwischen Schwerst- und Bagatellkriminalität (+) S. 52 K_2 keine Einengung des Gnadenrechts bzw. Gnadenträgers (+) S. 22 K_{11}	sehr viel höhere durchschnittliche Verbüßungsdauer als 20 Jahre (-) S. 23/30 K_{27} ↓ Zunahme subsidiärer Gnadenentscheidungen (-) S. 30 K_{20} ↓ Gnadenentscheidungen werden zur Regel (-) S. 30 K_{28}	unerwünschte Rückwirkung auf die Klausel in § 57 u. § 67d StGB, diese nicht mehr so ernst zu nehmen wie die Klausel in § 57a StGB (-) S. 52/57 K_5	
Schneider (BMJ) P_7		Kein Gebrauch des Gnadenrechts durch den Gnadenträger in Fällen, in denen dem Gnadenträger die rechtliche Regelung mißfällt (+) S. 24 K_{42} ↓ keine Diskrepanz zwischen Gnadenrecht und rechtlich geregelter Aussetzung (+) S. 24 K_{11} keine Beeinflussung des Gnadenrechts (+) S. 32 K_{11}	Abweichung von der bisherigen Gnadenpraxis bzgl. des Entlassungszeitpunktes (-) S. 32 K_{17} ↓ Neigung, rechtliche Entscheidungen per Gnadenerlaß zu korrigieren (-) S. 32 K_{20}	unerwünschter Rückschluß auf die Prognoseklausel des § 57 StGB, diese nicht mehr so ernst zu nehmen wie die Klausel in § 57a StGB (-) S. 54 K_5	
Sturm (BMJ) P_8	keine Entlassungsautomatik (+) S. 33 K_9 [in Verbindung mit den Bedingungen „Schwere der Schuld u. „Verteidigung der Rechtsordnung] ↙ ↘ keine geringere durchschnittliche Verbüßungsdauer als bisher (+) S. 33 K_{18}	[in Verbindung mit der Bedingung ‚Schwere der Schuld'] ↓ keine Entlassungsautomatik (+) S. 33 K_9 ↓ keine Schwächung der Generalprävention (+) S. 33 K_{14} längere durchschnittliche Verbüßungsdauer als 15 Jahre (+) S. 33 K_{19}		unerwünschter Rückschluß, daß an die Klausel des § 57 StGB geringere Anforderungen zu stellen sind als an die Klausel des § 57a StGB (-) S. 53 K_5	

Abb. 27 Übersicht 21

Argumentationsstruktur im Rechtsausschuß des Bundestages (Sitzung vom 23.1.1980)

Regelungsalternativen / Personen	Regierungsentwurf: ‚Verantwortungs'-Klausel (R_2)	Regierungsentwurf: 5 Jahre Bewährungszeit (R_6)	Schneider (BMJ)-Klauseln (R_7)	Bundesratsentwurf: ‚Gewährs'-Klausel (R_4)	Bundesratsentwurf: 5 – 10 Jahre Bewährungszeit (R_8)	Richterbund-Klausel (R_5)
Schneider (BMJ) P_7	keine unerwünschten Rückschlüsse auf die ‚Strenge' der Klausel in § 57 und § 67d StGB (+) S. 6/7 K_6		unerwünschte Rückschlüsse, daß die hohen Anforderungen für die Klausel des § 57a für die Klausel des § 57 und § 67d StGB nicht gelten (–) S. 7 K_5			
v. Bülow (BMJ) P_6					Zweifel an der Ernsthaftigkeit der Erfordernisse für eine günstige Prognose in der Formulierung des Bundesrats (–) S. 10 K_{31}	
Sturm (BMJ) P_8				Überforderung der Gerichte, eine Aussetzung zu gewähren (–) S. 8 K_{12}		Überforderung der Gerichte eine Aussetzung zu gewähren (–) S. 8 K_{12}
Emmerlich (SPD) P_9			unerwünschter Rückschluß, daß hohe Anforderungen nur für die Klausel in § 57a und nicht für die Klausel in § 57 StGB gelten. (–) S. 6 K_5 ↓ zu weitgehende Anwendung der Klausel des § 57a StGB (–) S. 6 K_{29}			
Lambinus (SPD) P_4		Ermöglichung der Wiedereingliederung in die Umwelt (+) S. 9/10 K_{30}				
Hartmann (CSU) P_1					flexible Handhabung der Bewährungszeit bei der Begehung kleinerer Delikte gegen Ende der Bewährungszeit (+) S. 9 K_{32}	

Abb. 28 Übersicht 22

Argumentationsstruktur im Rechtsausschuß des Bundestages (Sitzung vom 27.2.1980)

Regelungsalternativen / Person	Regierungsentwurf: **Mindestverbüßungsdauer 15 Jahre (R_1)**	Regierungsentwurf: **Verteidigung der Rechtsordnung (R_9)**
Hartmann (CSU) P_1	keine deutliche Absetzung gegenuber der hochsten zeitigen Freiheitsstrafe von 15 Jahren (-) S 7 (K_8) ↓ nachteilige Auswirkung auf das gesamte Strafgefuge (-) S 7 (K_{13})	
Erhard (CDU) P_{10}		uberflussig, da bereits durch andere Bedingungen (Prognoseklausel, Schwere der Schuld) abgedeckt (-) S 9 (K_{33}) keine justiziable Formulierung (-) S 10 (K_{34}) ↓ Ermoglichung willkurlicher Entscheidungen (-) S 10 (K_{35})
v. Bulow (BMJ) P_6		Verhinderung von Entlassungen, die in der Bevolkerung auf Unverstandnis stoßen wurden (+) S 9 (K_{36}) ↓ Verhinderung des Verlusts des Vertrauens der Bevolkerung, in einer Friedensordnung zu leben (+) S 9 (K_{37}) ↓ Verhinderung der Verunsicherung der Bevolkerung in ihrer Rechtstreue zum Gesetz (+) S 9 (K_{38})

Abb. 29 Übersicht 23

Argumentationsstruktur im Rechtsausschuß des Bundestages (Sitzung vom 13.5.1981)

Regelungsalternativen / Personen	**Bundesrats-Entwurf** **20 Jahre Mindestverbüßungsdauer (R_3)**	**Änderungsantrag der SPD/FDP-Fraktionen** **Sachverständigen-Regelung der StPO, die sich auf die einschlägige Rückfallgefahr bezieht (R_{10})**
Gotz (CSU) P_{11}	keine Verminderung der Generalpravention (+) S. 7 (K_{14}) deutliche Absetzung gegenüber der höchsten zeitigen Freiheitsstrafe von 15 Jahren (+) S. 7 (K_7)	keine Bindung des Gerichts an das Gutachten (-) S. 7 (K_{39})
Olderog (CDU) P_{12}		widersprüchlich, da Gutachten einerseits große Bedeutung haben soll, andererseits nicht bindend ist (-) S. 10 (K_{40})
Engelhard (FDP) P_5		keine Bindung des Gerichts an das Gutachten, wenn dies nicht überzeugend ist (+) S. 8/9 (K_{15})
Kleinert (FDP) P_{13}		keine Bindung des Gerichts an das Gutachten, wenn dies nicht überzeugend ist (+) S. 9 (K_{15})
Lambinus (SPD) P_4		keine Bindung des Gerichts an das Gutachten, wenn dies nicht überzeugend ist (+) S. 9 (K_{15})
Schneider (BMJ) P_7		keine fremde Konstruktion, da Regelung analog zu § 246a StPO ist (dergemäß ein Sachverständiger hinzuzuziehen ist, ohne daß das Gericht an das Gutachten gebunden ist) (+) S. 10 (K_{41})

5.2.3.2. Beratungsverlauf und Entscheidungschronologie

In einem zweiten Schritt wurde die Übersicht 24 erstellt, die darüber informiert, wann über welche Regelungsalternative wie entschieden, d.h. abgestimmt wurde. Diese Übersicht enthält nur die wichtigsten Entscheidungen, die innerhalb des Rechtsausschusses bezüglich bestimmter Teilregelungen getroffen wurde.

Für 'wichtig' hielten wir die Entscheidungen dann, wenn über die Teilregelungen, über die abgestimmt wurde, länger diskutiert und/oder kontrovers abgestimmt wurde.

Abb. 30 Übersicht 24

Beratungsphasen und Entscheidungschronologie im Rechtsausschuß des Deutschen Bundestages

Datum	Legislatur-periode	Bemerkungen	Wichtige Entscheidungen	
			Regelung	Stimmverhältnis
16 1 80	8	Nach dem Bericht der beiden Berichterstatter tritt der Rechtsausschuß in die Einzelberatung ein Es werden jedoch keine Beschlusse gefaßt		
23 1 80	8	Fortsetzung der Einzelberatung Eingehende Beratung der Formulierung einer Prognoseklausel Vorschlag einer gesonderten Besprechung zwischen dem Vorsitzenden des Rechtsausschuß, den Obleuten der Fraktionen u den Berichterstattern (interfraktionelle Einigung am 24 1 80 im Restaurant auf ENGELHARD-Klausel)		
27 2 80	8		Mindestverbußungsdauer von 20 Jahren (R_3)	**Ablehnung** mit Stimmen der SPD/FDP **gegen** Stimmen der CDU/CSU
			ENGELHARD-Klausel	dito
			Mindestverbußungsdauer von 15 Jahren (R_1)	**Annahme** mit Stimmen der SPD/FDP **gegen** Stimmen der CDU/CSU
			‚Verantwortungs'-Klausel (R_2)	dito
			Verteidigung der Rechtsordnung (R_9)	**einstimmige Ablehnung**
			Gesetzesentwurf in der Fassung der in der Beratung beschlossenen Änderungen	**Annahme** mit Stimmen der SPD/FDP **gegen** Stimmen der CDU/CSU
1 4 81	9	LAMBINUS (SPD) legt einen Änderungsantrag vor, der vom SPD/FDP-Entwurf (BT-Drs 9/22) abweicht u eine Sachverständigenregelung in der StPO enthält u. begründet den Antrag Die Beratungen werden vertagt.		
13 5 81	9	Fortsetzung der Beratungen. LAMBINUS (SPD) legt eine Neufassung seiner Änderungsanträge vor. Nach Aussprache über die Fassung einer Prognoseklausel und über die Pflicht des Gerichts zur Einholung eines Gutachens über die Gefährlichkeit des Verurteilten tritt der Rechtsausschuß in die Abstimmung ein	Mindestverbußungsdauer von 15 Jahren (R_1)	**Annahme** mit Stimmen der SPD/FDP **gegen** Stimmen der CDU/CSU
			besondere Schwere der Schuld	dito
			‚Verantwortungs'-Klausel (R_2)	dito
			5 Jahre Bewährungszeit (R_6)	dito
			StPO-Änderung durch Sachverständigenregelung (R_{10})	dito
			Gesetzenentwurf in seiner Gesamtheit	dito

5.2.3.3. Nutzenaggregierung und Anwendungsbereich der Theorie

Der dritte methodische Schritt besteht darin, eine Tabelle (vgl. Übersicht 25) zu erstellen, die folgende Informationen enthält:

$NU_{K_{ijr}(gew)}$ = gewichteter Nutzen einer Konsequenz: $(NU_{K_{ij}})$ x (Häufigkeit, mit der die Konsequenz K_i der Regelungsalternative R_j von Mitgliedern der Gruppe G_r genannt wurde)

r = Index der Gruppe

$GNU_{R_{jr}}$ = Gesamtnutzen einer Regelungsalternative R_j, den die Gruppe G_r perzipiert:

$$\sum_{i=1} NU_{K_{ijs}} \quad \text{wobei } s \in G_r$$

Die Person s muß also Mitglied der Gruppe G_r sein, wobei:

G_1 = CDU/CSU
G_2 = FDP
G_3 = SPD
G_4 = BMJ

n = Zahl der perzipierten Konsequenzen

$GNU_{R_{jr}(gew)}$ = gewichteter Gesamtnutzen einer Regelungsalternative R_j, den die Gruppe G_r perzipiert:

$$\sum_{i=1}^{n} NU_{K_{ijr}(gew)}$$

In dieser Übersicht 25 sind die einzelnen gewichteten bzw. ungewichteten Nutzenwerte, die die einzelnen Mitglieder einer politischen Gruppierung für die Konsequenzen einer Regelungsalternative perzipieren, zu jeweils einem gewichteten bzw. ungewichteten Gesamtnutzen einer Regelungsalternative aggregiert worden, den gewissermaßen eine Gruppe perzipiert.

Weiter enthält die Übersicht 25 die faktisch im Rechtsausschuß getroffenen Entscheidungen ("dafür"/"dagegen") der jeweiligen parteipolitischen Gruppe bezüglich einer bestimmten Regelungsalternative, wobei diese Entscheidungen fortlaufend numeriert sind. Die erste Spalte enthält wieder die jeweiligen Gruppen und die Kopfzeile die Regelungsalternativen.

Die Übersicht 25 enthält nun nur solche Teilregelungen, zu denen mindestens eine Gruppe (SPD, FDP, CDU/CSU oder Ministerialbeamte des BMJ) mindestens ein Argument formuliert hat. Deshalb sind die ENGELHARD-Klausel und die 'Schwere der Schuld'-Klausel nicht in dieser Übersicht enthalten, obwohl über diese beiden Teilregelungen - wie sich der Übersicht 24 entnehmen läßt - kontrovers abgestimmt wurde. Da die Formulierungsvorschläge, die vom Rechtsausschußmitglied ENGELHARD und dem Deutschen Richterbund für eine Prognoseklausel unterbreitet wurden, zwar ähnlich lauten (vgl. hierzu Abschnitt 4.2.), sich jedoch darin unterscheiden, daß die Richterbund-Klausel lautet:

"wenn gewährleistet ist, daß ..."

die ENGELHARD-Klausel demgegenüber lautet:

"wenn nicht zu befürchten ist, daß ..."

halten wir es auch nicht für sinnvoll, zu unterstellen, daß Argumente, die im Rechtsausschuß bezüglich der Richterbund-Klausel formuliert wurden, auch auf die ENGELHARD-Klausel zutreffen.

Die Anwendbarkeit der entscheidungstheoretischen Hypothesen hängt vom gemeinsamen Vorliegen zweier Bedingungen ab. Erstens müssen Argumente (d.h. mindestens ein Argument) formuliert worden sein, die sich auf eine Regelungsalternative beziehen. Zweitens muß über diese Regelungsalternative im Rechtsausschuß abgestimmt worden sein. Mengentheoretisch läßt sich der Zusammenhang zwischen den verschiedenen Merkmalen von Regelungen und der Anwendbarkeit der entscheidungstheoretischen Hypothesen folgendermaßen darstellen:

Abb. 31 Schaubild 7

Mengendiagramm zum Anwendungsbereich der Theorie

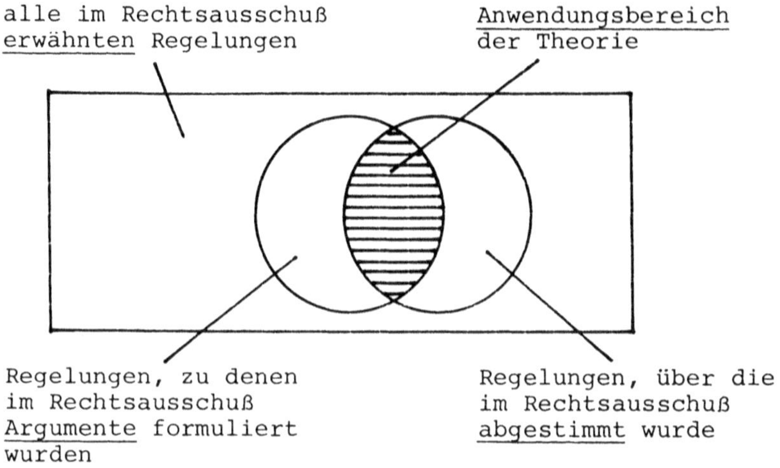

Abb. 32 Übersicht 25 Nutzen- und Entscheidungsmatrix

Teilregelungen	Mindestverbüßungsdauer 15 Jahre R_1			Mindestverbüßungsdauer 20 Jahre R_3			'Verantwortungs'-Klausel R_2			'Gewährs'-Klausel R_4			Richterbund-Klausel R_5			Schneider-Klauseln R_7			5 Jahre Bewährungszeit R_6			5-10 Jahre Bewährungszeit R_8			Verteidigung der Rechtsordnung R_9			StPO-Sachverständigen Regelung R_{10}		
Gruppe	NU K ij s	Nr.	N	NU K ij s	Nr.	N	NU K ij s	Nr.	N	NU K ij s	Nr.	N	NU K ij s	Nr.	N	NU K ij s	Nr.	N	NU K ij s	Nr.	N	NU K ij s	Nr.	N	NU K ij s	Nr.	N	NU K ij s	Nr.	N
CDU/CSU G_1	- - - - -	16 8 13 22 23	 2x 2x	+ +	7 14	2x	- -	4 10	2x	+	9		+	3	2x							+	32		- - -	33 34 35		- -	39 40	
Gesamtnutzen	-5			+2			-2			+1			+1									+1			-3			-2		
Gesamtnutzen (gewichtet)	-7			+3			-3						+2																	
Entscheidung	dagegen		(1)	dafür		(2)	dagegen		(3)										dagegen		(4)				dagegen		(5)	dagegen		(6)
FDP G_2	+	7					-	1		-	1																	+	15	2x
Gesamtnutzen	+1						-1			-1																		+1		
Gesamtnutzen (gewichtet)																												+2		
Entscheidung	dafür		(7)	dagegen		(8)	dafür		(9)										dafür		(10)				dagegen		(11)	dafür		(12)
SPD G_3	+ +	7 11					+ +	7 11		- - -	12 24 25					- -	5 29		+	30								+	15	
Gesamtnutzen	+2						+2			-3						-2			+1									+1		
Gesamtnutzen (gewichtet)																														
Entscheidung	dafür		(13)	dagegen		(14)	dafür		(15)										dafür		(18)				dagegen		(17)	dafür		(18)
BMJ G_4	+ + + + + +	9 11 18 19 42 26	 3x	- - - -	17 20 27 28	 2x	+ + + +	2 6 9 14		- -	5 12	3x	- -	5 12	3x	-	5					-	31		+ + +	36 37 38		+	41	
Gesamtnutzen	+6			-4			+4			-2			-2			-1						-1			+3			+1		
Gesamtnutzen (gewichtet)	+8			-5						-4			-4																	

5.2.3.4. Empirischer Test der entscheidungstheoretischen Hypothesen durch ex-post-Prognosen von Entscheidungen

In einem vierten Schritt haben wir ex-post-Prognosen für die im Rechtsausschuß getroffenen Entscheidungen mit Hilfe von Entscheidungsregeln formuliert, deren Auswahl durch das jeweilige Meßniveau der Argumente determiniert ist. Der fünfte und letzte Schritt besteht in einem Vergleich der prognostizierten mit den faktischen Entscheidungen und der Berechnung eines Bestätigungsgrades für die getesteten entscheidungstheoretischen Hypothesen.

Die Übersicht 26 enthält in der ersten Spalte die fortlaufend durchnumerierten Entscheidungssituationen (= Testinstanzen) aus der Übersicht 25. Weiter enthält die Übersicht 26 u.a. das jeweilige Entscheidungskriterium (RS = reversed SIMON-rule, SSR = SIMONs satisficing rule), das durch das durchweg nominale Meßniveau von Nutzen und subjektiver Wahrscheinlichkeit festgelegt wird (vgl. hierzu Übersicht 17). Da für zwei Entscheidungssituationen (4, 10) keine Angaben über erwartete Regelungskonsequenzen und deren Nutzen sowie deren subjektive Wahrscheinlichkeit in den Protokollen enthalten waren, sind in diesen beiden Fällen keine ex-post-Prognosen möglich.

Da die damalige Bundesregierung von der SPD und der FDP gebildet wurde und wir davon ausgehen, daß Ministerialbeamte des von der SPD besetzten Bundesministerium der Justiz i.d.R. im Sinne der Regierungsparteien argumentieren, wurde bei den beiden Regierungsparteien (SPD, FDP) zu den (gewichteten bzw. ungewichteten) Gesamtnutzenwerten, die sich auf der Grundlage von Argumenten der Mitglieder dieser Parteien ergeben, jene (gewichteten bzw. ungewichteten) Gesamtnutzenwerte addiert, die sich aufgrund der Argumente von Ministerialbeamten des BMJ ergaben. Eine Ausnahme von dieser Vorgehensweise bildet die Entscheidungssituation 9, da die FDP einerseits und die SPD sowie das BMJ andererseits unterschiedliche Argumente hinsichtlich der 'Verantwortungs'-Klausel vertraten. Daher wurde in diesem Fall der von den Ministerialbeamten perzipierte (positive) Gesamtnutzen nicht zum (negativen) Gesamtnutzen addiert, den Mitglieder der FDP für diese Teilregelung perzipierten.

Abb. 33 Übersicht 26

Empirische Überprüfung entscheidungstheoretischer Hypothesen in 16 Entscheidungssituationen

Testfall	Entscheid. instanz	Regelung	Gesamtnutzen der Regelung		Entscheidungs-kriterium	Entscheidung		Prognose: bestätigt (B) falsifiziert (F) unmöglich (-)
			ungewichtet	gewichtet		prognostiziert	faktisch	
1	CDU/CSU G_1	Mindestverbüßungs-dauer 15 Jahre R_1	-5	-7	reversed SIMON-rule	dagegen	**dagegen**	B
2		Mindestverbüßungs-dauer 20 Jahre R_3	+2	+3	SIMONs satisficing rule	dafür	dafür	B
3		Verantwortungs-klausel R_2	-2	-3	RS	dagegen	dagegen	B
4		5 Jahre Bewährungszeit R_6	-	-	-	-	dagegen	-
5		Verteidigung der Rechtsordnung R_9	-3		RS	dagegen	dagegen	B
6		StPO-Sachverstand regelung R_{10}	-2		RS	dagegen	dagegen	B
7	FDP G_2	Mindestverbüßungs-dauer 15 Jahre R_1	+1 BMJ: +6	BMJ: +8	SSR	dafür	dafür	B
8		Mindestverbüßungs-dauer 20 Jahre R_3	BMJ: -4	BMJ: -5	RS	dagegen	dagegen	B
9		'Verantwortungs'-klausel R_2	-1		RS	**dagegen**	dafür	F
10		5 Jahre Bewährungszeit R_6	-	-	-	-	dafür	-
11		Verteidigung der Rechtsordnung R_9	BMJ: +3		SSR	**dafür**	dagegen	F
12		StPO-Sachverstand regelung R_{10}	+1 BMJ: +1	+2	SSR	dafür	dafür	B
13	SPD G_3	Mindestverbüßungs dauer 15 Jahre R_1	+2 BMJ: +6	BMJ: +8	SSR	dafür	dafür	B
14		Mindestverbüßungs-dauer 20 Jahre R_3	BMJ: -4	BMJ: -5	RS	dagegen	dagegen	B
15		Verantwortungs-klausel R_2	+2 BMJ: +4		SSR	dafür	dafür	B
16		5 Jahre Bewährungszeit R_6	+1		SSR	dafür	dafür	B
17		Verteidigung der Rechtsordnung R_9	BMJ: +3		SSR	**dafür**	dagegen	F
18		StPO-Sachverstand. regelung R_{10}	+1 BMJ: +1		SSR	dafür	dafür	B

Berücksichtigen wir nun erstens alle wichtigen Regelungen (zu den Kriterien für 'Wichtigkeit' vgl. Abschnitt 5.2.3.2.), über die im Rechtsausschuß abgestimmt wurde, zweitens die jeweilige Anwendbarkeit der entscheidungstheoretischen Hypothesen (vgl. hierzu das Mengendiagramm in Abb. 31) sowie den Erfolg der aufgrund dieser Hypothesen formulierten ex-post-Prognosen von Entscheidungen, erhalten wir folgende Übersicht 27:

Abb. 34 Übersicht 27

Anwendbarkeit entscheidungstheoretischer Hypothesen und deren Prognoseerfolg

wichtige Regelungen, über die im Rechtsausschuß entschieden wurde	Anwendbarkeit entscheidungstheoretischer Hypothesen bei Entscheidung von:			ex-post-Prognose der Entscheidung von:		
	CDU/CSU	FDP	SPD	CDU/CSU	FDP	SPD
Mindestverbüßungsdauer 15 Jahre (R_1)	+	+	+	B	B	B
'Verantwortungs'-Prognoseklausel (R_2)	+	+	+	B	(F)	B
Mindestverbüßungsdauer 20 Jahre (R_3)	+	+	+	B	B	B
Bewährungszeit 5 Jahre (R_6)	/	/	+	/	/	B
Verteidigung der Rechtsordnung (R_9)	+	+	+	B	(F)	(F)
Änderung der StPO (R_{10})	+	+	+	B	B	B
ENGELHARD-Prognoseklausel	/	/	/	/	/	/
Schuldschwere-Klausel	/	/	/	/	/	/

B = bestätigt

F = falsifiziert

+ = anwendbar

/ = nicht anwendbar bzw. keine Prognose möglich

5.2.3.5. Diskussion der falsifizierenden Fälle

Da unsere ex-post-Prognosen in den Entscheidungssituationen 9, 11 und 17 der Übersicht 26 unzutreffend sind, werden wir im folgenden diese drei falsifizierenden Fälle diskutieren.

Im Fall 9 war die FDP zunächst gegen eine 'Verantwortungs'-Klausel, wie sie von der SPD und dem BMJ vorgeschlagen wurde und formulierte ein Argument gegen diese Klausel. Daher wurde von der FDP zu Beginn der Beratungen ein eigener Vorschlag eingebracht, der sich stark an einem Vorschlag des Deutschen Richterbundes orientierte (ENGELHARD-Klausel). Da jedoch das BMJ aus rechtsdogmatischen Gründen starke Bedenken gegen diese Formulierung hatte und dem Anliegen der FDP, die Wahrscheinlichkeit eines erneuten Tötungsdelikts explizit im Gesetz zu berücksichtigen, durch eine spezifische Formulierung innerhalb der Sachverständigenregelung der StPO Rechnung getragen wurde, stimmten die FDP-Mitglieder im Rechtsausschuß trotz ihrer anfänglichen Kritik an der 'Verantwortungs'-Klausel am Ende für diese Klausel.

In den Fällen 11 und 17 wurden die Argumente, die das BMJ zugunsten der Einführung der Klausel, die sich auf die Verteidigung der Rechtsordnung bezog, offenbar nicht von der FDP und SPD übernommen. Möglicherweise wurden dagegen die von der CDU/CSU formulierten Argumente gegen diese Teilregelung implizit übernommen, so daß die SPD/FDP gegen die Einführung dieser Klausel stimmte.

Was die Frage der Einführung des entlassungshemmenden Merkmals der 'Verteidigung der Rechtsordnung' (vgl. zu diesem Merkmal auch HAFFKE 1982) betrifft, so bestand bereits in der Besprechung der Landesjustizverwaltungen zum Referentenentwurf von 1974 ein Meinungsunterschied zwischen Ministerialbeamten des BMJ (vgl. HAFFKE 1982, S. 63). So war der damalige Referent (der jedoch nicht mehr für den RefE von 1978 verantwortlich war) für diesen Entwurf der Auffassung, daß es sich bei diesem Merkmal um eine Leerformel handele, bei deren Berücksichtigung außerdem unerwünschte Rückwirkungen auf die Auslegung dieser Formulierung in § 56 Abs. 3 und § 47 Abs. 1 StGB auftreten könnten. Demgegenüber vertrat ein anderer mit dem Gesetz befaßter Ministerialbeamter des BMJ die Auffassung, daß die Aufnahme dieses Merkmals ins Gesetz sinnvoll sei, wenn dadurch unverständliche und damit die Rechtstreue der Bevölkerung erschütternde Entlassungen von 'Lebenslänglichen' auszuschließen seien (vgl. hierzu die Konsequenzen K_{36}, K_{37}, K_{38} in Übersicht 22).

Ob nun bei der Entscheidung der Rechtsausschußmitglieder der SPD und FDP gegen die Aufnahme dieses Merkmals ins Gesetz die Kritik von GROSS (1979) und BECKMANN (1979) an diesem Merkmal eine Rolle gespielt hat - deren Auffassung u.U. vor der Publikation in einer Fachzeitschrift bekannt war - bleibt ungeklärt.

Auch innerhalb der CDU/CSU war man offenbar unterschiedlicher Meinung. Dies zeigte sich daran, daß der von einer CDU/CSU-Mehrheit dominierte Bundesrat in der 8. und in der 9. Legislaturperiode für die Aufnahme des Merkmals der 'Verteidigung der Rechtsordnung' stimmte und damit im Widerspruch zur Auffassung der Rechtsausschußmitglieder der CDU/CSU im Rechtsausschuß des Bundestages stand, die gegen eine derartige Aufnahme stimmten.

5.2.3.6. Berechnung eines Bestätigungsgrades für die geprüften entscheidungstheoretischen Hypothesen

Treffen wir folgende Festlegungen:

N = Anzahl der möglichen ex-post-Prognosen von Entscheidungen

N_B = Anzahl der zutreffenden ex-post-Prognosen

so läßt sich eine Maßzahl C anhand folgender Formel berechnen:

$$C = \frac{N_B}{N}$$

Diese Maßzahl läßt sich nun als Bestätigungsgrad oder induktive Wahrscheinlichkeit im Sinne CARNAPs interpretieren. D.h. diese Formel stellt einen Präzisierungsvorschlag von Äußerungen CARNAPs dar, eine Hypothese H habe aufgrund der Erfahrungsdaten e einen bestimmten Bestätigungsgrad bzw. eine bestimmte induktive Wahrscheinlichkeit C (vgl. CARNAP 1970, S. 194 u. BUNGE 1967, S. 320-328). Der Prozentsatz zutreffender ex-post-Prognosen im Verhältnis zur Gesamtzahl möglicher ex-post-Prognosen wäre dann einfach folgendermaßen zu berechnen:

$$D = C \cdot 100$$

Geht man nun von 16 Testinstanzen, d.h. möglichen ex-post-Prognosen von Entscheidungen aus - wobei Prognosen nur dann <u>möglich</u> waren, wenn in einer Entscheidungssituation mindestens ein Argument bezüglich einer bestimmten Teilregelung formuliert wurde - so ergeben sich folgende Kennwerte für den <u>gesamten</u> empirischen Test unserer entscheidungstheoretischen Hypothesen:

Abb. 35 Übersicht 28

Kennwerte des empirischen Tests der entscheidungstheoretischen Hypothesen

Anzahl möglicher ex-post-Prognosen	Anzahl zutreffender ex-post-Prognosen	Bestätigungsgrad	Prozentsatz zutreffender Prognosen
N	N_B	C	D
16	13	.81	81 %

Nach Parteien aufgeschlüsselt ergeben sich folgende <u>parteispezifische</u> Bestätigungsgrade (= Grad des Prognoseerfolgs) für die angewendeten entscheidungstheoretischen Hypothesen:

Abb. 36 Übersicht 29

Bestätigungsgrade der entscheidungstheoretischen Hypothesen

Partei		CDU/CSU	FDP	SPD
Zahl der möglichen Prognosen	partei-spezifisch	5	5	6
	total	16		
Zahl der bestätigten Prognosen	partei-spezifisch	5	3	5
	total	13		
Bestätigungs-grad	partei-spezifisch	1.00	.60	.83
	total	.81		

5.2.4. Zum normativen 'Test' der Rationalität gesetzgeberischen Entscheidungsverhaltens

Wenn man die innerhalb der Entscheidungstheorie entwickelten Entscheidungsregeln als Präzisierung oder Explikation der an den Gesetzgeber gerichteten Rationalitätskriterien betrachtet (vgl. hierzu Abschnitt 2.2.), läßt sich der Grad der Übereinstimmung gesetzgeberischer Entscheidungshandlungen mit rationalen Maßstäben (i.e. Entscheidungsregeln) 'überprüfen'. Wir ermitteln hierzu, in welchem Maße rationale Entscheidungsregeln das jeweilige Abstimmungs-, d.h. Entscheidungsverhalten der verschiedenen Parteien im Rechtsausschuß zutreffend ex-post prognostizieren können. Entsprechend den parteispezifischen Bestätigungsgraden (vgl. Übersicht 29) ergäbe sich damit für die Entscheidungen der CDU/CSU ein Rationalitätsgrad (dessen Wertebereich von 0 bis 1 reicht) von 1.00, für die FDP ein Wert von .60 und für die SPD ein Wert von .83.

Diese Rationalitätsgrade bezeichnen nun nichts anderes als die Konsistenz parteispezifischer Entscheidungen im Hinblick auf bestimmte Entscheidungsregeln, die sich auf die Kognitionen der Entscheidungsträger beziehen. Die Kognitionen dieser

Entscheidungsträger bestehen zum einen aus subjektiven empirischen Hypothesen über das Auftreten von Konsequenzen als Folge des Inkrafttretens bestimmter Regelungsalternativen und zum anderen aus der Bewertung ('Nutzen') dieser Konsequenzen.

6. Kriminologische Kritik gesetzgeberischer Argumente[19)]

Wenn man davon ausgeht, daß Argumente, die von Personen, die maßgeblich an der Gesetzgebung beteiligt sind (Ministerialbeamte und Rechtsausschußmitglieder des Deutschen Bundestages), für oder gegen bestimmte Regelungsalternativen angeführt werden, häufig den Charakter empirischer Aussagen haben, so dürfte der Wahrheitsgehalt derartiger Aussagen von wissenschaftlichem und vor allem praktischem, d.h. sozialtechnologischem Interesse sein. Ein Beispiel für eine derartige Aussage wäre die (in diesem Gesetzgebungsverfahren aufgestellte) Behauptung, daß die Haftdauer in einem umgekehrten Verhältnis zur Rückfallgefahr stehe, d.h. je kürzer die Haftdauer, desto größer ist die Rückfallgefahr (zur Explikation und Konfrontation derartiger gesetzgeberischer Hypothesen mit wissenschaftlichen Theorien vgl. WIELAND 1978 u. LÜDEMANN 1981).

Im folgenden werden wir einige Argumente und Behauptungen von maßgeblich an diesem Gesetzgebungsverfahren beteiligten Personen mit Ergebnissen der empirischen Kriminologie konfrontieren und dabei Übereinstimmungen bzw. Divergenzen feststellen. Unser Ziel besteht also darin, zu überprüfen, inwieweit sich kriminalpolitische Argumente des Gesetzgebers in einem konkreten Gesetzgebungsfall empirisch rechtfertigen lassen.

6.1. Die Kontroverse um die Mindestverbüßungsdauer - Gesetzgeberische Argumente zur Generalprävention

Die in unserem Zusammenhang relevanten Resultate der empirischen kriminologischen Forschung zur Generalprävention lassen sich folgendermaßen zusammenfassen (zu den Resultaten der Generalpräventionsforschung vgl. die den Forschungsstand zusammenfassenden Gutachten von MÜLLER-DIETZ 1978 u. KAISER 1978 sowie die neueren Übersichtsartikel von ALBRECHT et al. 1981 u. KÖBERER 1982). Erstens hängt die Bereitschaft, ein Delikt zu begehen, eher von der Entdeckungs- und Strafwahrscheinlichkeit im Sinne einer vom potentiellen Täter erwarteten subjektiven Wahrscheinlichkeit ab, als von der Höhe der Strafandrohung. Zweitens lassen empirische Befunde z.Zt. keine Rückschlüsse darauf zu, daß Mordkriminalität entscheidend durch die Höhe der Strafandrohung beeinflußt wird.

In der Diskussion über diese gesetzliche Regelung vertrat die damalige CDU/CSU-Opposition die Auffassung, daß eine 15-jährige Mindestverbüßungsdauer (die in diesem Zusammenhang von der CDU/CSU als faktische Strafandrohung interpretiert wird), wie sie im Regierungsentwurf der damaligen SPD/FDP-Bundesregierung vorgeschlagen wurde, die generalpräventive Wirkung der lebenslangen Freiheitsstrafe entscheidend schwächen würde. Dieser unerwünschte Effekt würde auftreten, da der größte Teil der 'Lebenslänglichen' u.a. auch aufgrund der von der Bundesregierung vorgeschlagenen Prognoseklausel - die mit der Prognoseklausel des § 57 StGB (Strafaussetzung bei zeitiger Freiheitsstrafe) identisch war - bereits nach Ablauf der Mindestverbüßungsdauer entlassen werden würde . Dies hätte wiederum den Effekt, daß die faktisch zu verbüßende Haftdauer bei der lebenslangen Freiheitsstrafe i.d.R. geringer als die durchschnittliche Haftzeit im Rahmen der bisherigen Gnadenpraxis der Bundesländer (Durchschnitt: ca. 20 Jahre) sei.

Nach Auffassung der CDU/CSU würde zur Verminderung der generalpräventiven Wirkung weiter beitragen, daß der Unterschied zwischen der i.d.R. faktisch zu verbüßenden Haftzeit bei lebenslanger Freiheitsstrafe und der höchsten zeitigen Freiheitsstrafe von 15 Jahren (vgl. § 38 Abs. 2 StGB) 'verwischt' und nivelliert würde. Aufgrund dieser Argumente forderte die CDU/CSU eine Mindestverbüßungsdauer von 20 Jahren.

Das BMJ, die SPD und die FDP hielten diesen Argumenten entgegen, daß der Unterschied zwischen der höchsten zeitigen Freiheitsstrafe und der faktisch i.d.R. zu verbüßenden lebenslangen Freiheitsstrafe nicht aufgehoben werde, da ein zu lebenslanger und ein zur höchsten zeitigen Freiheitsstrafe Verurteilter ceteris paribus, d.h. bei gleich günstiger Legalprognose erst nach 15 (d.h. nach Ablauf der Mindestverbüßungsdauer) bzw. bereits nach 10 Jahren (2/3-Entlassung nach § 57 Abs. 1 StGB bei höchster zeitiger Freiheitsstrafe von 15 Jahren) entlassen würden. Weiter würden die zusätzlichen im Gesetz enthaltenen Bedingungen ('besondere Schwere der Schuld' als entlassungsausschließender Grund und die Prognoseklausel) dafür sorgen, daß die durchschnittliche Verbüßungszeit der lebenslangen Freiheitsstrafe die Mindestverbüßungsdauer von 15 Jahren übersteige.

Im Gegensatz zur CDU/CSU-Opposition waren das BMJ, die SPD und die FDP der Auffassung, daß eine 15-jährige Mindestverbüßungsdauer zu keiner Verminderung der Generalprävention führen werde. Dies wurde durch folgende Argumente, die wir den Experteninterviews entnehmen, untermauert. Die generalpräventive Wirkung von Strafandrohungen sei ohnehin generell sehr zweifelhaft und werde eher durch schnelle Aufklärung, als durch lange Haftzeiten erreicht, meinte ein Ministerialbeamter eines SPD-geführten Landesjustizministeriums. Ein anderes Argument vertrat ein SPD-Rechtsausschußmitglied, das einerseits keine Verminderung der Generalprävention durch dieses Gesetz erwartete, andererseits jedoch der Auffassung war, daß die Frage, welche generalpräventiven Effekte eine Strafandrohung auf Tötungsdelikte habe, noch nicht abgesichert zu beantworten sei. Ein Rechtsausschußmitglied der FDP vertrat die Ansicht, daß das Strafmaß in keinem Zusammenhang mit der Bereitschaft stehe, Tötungsdelikte zu begehen, da dies die "Geschichte lehre". Ein SPD-Rechtsausschußmitglied sowie ein Ministerialbeamter eines SPD-geführten Landesjustizministeriums waren der Meinung, daß eine Mindestverbüßungsdauer von 15 Jahren keinen unerwünschten Einfluß auf die Generalprävention ausübt, da sich diese Mindestverbüßungsdauer kaum bzw. nur wenig von der durchschnittlichen Verbüßungsdauer im Rahmen der bisherigen Gnadenpraxis unterscheide.

Die Hauptargumente des Bundesjustizministeriums gegen eine 20-jährige Mindestverbüßungsdauer lauteten: Warum müssen die Bürger der Bundesrepublik Deutschland stärker abgeschreckt werden als europäische Nachbarn, die geringere Mindestverbüßungszeiten haben? Welche Zahlen sprechen dafür, daß Bürger der Bundesrepublik mordgeneigter und daher abschreckungsbedürftiger als ihre europäischen Nachbarn sind? Warum sind es gerade diese fünf Jahre mehr (15 vs. 20 Jahre Mindestverbüßungsdauer), die entscheidend für den generalpräventiven Effekt sind? Außerdem bewege sich eine Mindestverbüßungsdauer von 15 Jahren völlig im europäischen Rahmen und stelle keine Abweichung dar. Für das BMJ war die Frage, ob 12, 15 oder 20 Jahre Mindestverbüßungsdauer, keine rational begründbare Sachfrage, sondern eher eine Frage grundlegender rechtspolitischer Vorstellungen.

Vergleicht man nun die von den am Gesetzgebungsverfahren beteiligten Personen formulierten (und uns im Rahmen dieser Studie zugänglichen!) Aussagen und Argumente, die sich auf den Zusammenhang zwischen Mindestverbüßungsdauer und Generalprävention beziehen, mit Resultaten der empirischen kriminologischen Forschung, so können wir feststellen, daß die Behauptungen von Mitgliedern der SPD, FDP und des BMJ eher mit den Resultaten der kriminologischen Forschung zu vereinbaren sind als die Behauptungen der CDU/CSU.

6.2. Die Kontroverse um die Prognoseklausel - Gesetzgeberische Argumente zur speziellen und allgemeinen Legalbewährung entlassener Tötungsdelinquenten

In den Experteninterviews äußerten Ministerialbeamte des BMJ, ein SPD-Rechtsausschußmitglied sowie ein CDU-Mitglied des Vermittlungsausschusses (der zweimal mit diesem Gesetz befaßt war) die übereinstimmende Auffassung, daß die spezielle (d.h. sich auf eine erneute Begehung von Tötungsdelikten beziehende) Legalbewährung entlassener Mörder sehr günstig im Vergleich zur speziellen Legalbewährung anderer Straftäter sei.

Diese Aussage stimmt nun durchaus mit kriminologischen Forschungsergebnissen zur Rückfälligkeit von Tötungsdelinquenten überein (vgl. hierzu FRIELINGHAUS 1971, S. 19, ALBRECHT 1973, S. 203 u. 1977, S. 133 f., MÜLLER-DIETZ 1978a, S. 219 f., WULF 1979, S. 290-294 und die dort angegebene Lit.). Auch ausländische Studien zur Rückfälligkeit entlassener Tötungsdelinquenten ermittelten eine sehr geringe einschlägige Rückfälligkeit (vgl. für ausländische Studien die Lit.angaben bei WULF 1979, S. 291 u. KERNER 1974, S. 91 f.).

Die spezielle Legalbewährung begnadigter 'Lebenslänglicher' in der Bundesrepublik liegt bei 99.4 %. D.h. von den 702 in der Zeit von 1945 bis 1975 in der Bundesrepublik begnadigten 'Lebenslänglichen' begingen nur 4 (0.6 %) erneut ein vorsätzliches Tötungsdelikt, wurden also wieder einschlägig rückfällig (vgl. MÜLLER-DIETZ 1978a, S. 220, Anm. 48). Die allgemeine (d.h. sich auf andere als Tötungsdelikte beziehende) Legalbewährung begnadigter 'Lebenslänglicher' ist etwas geringer und liegt in der Bundesrepublik bei 95 %. D.h. von 702 im o.g. Zeitraum begnadigten 'Lebenslänglichen' wurden 35 (5 %) wegen anderer Delikte wieder rückfällig (vgl. MÜLLER-DIETZ 1978a, S. 220, Anm. 48). Trotz der etwas geringeren allgemeinen Legalbewährung ist - verglichen mit anderen Straftätern - auch die allgemeine Legalbewährung entlassener Tötungsdelinquenten weitaus günstiger als die anderer Straftäter (vgl. STANTON 1969, S. 149 ff., BRESSER 1974, S. 265, FREIBERG/BILES 1976, S. 77 ff.).

Die Frage der Spezialprävention und damit des Schutzes der Allgemeinheit spielte nun besonders bei der Formulierung der Prognoseklausel eine entscheidende Rolle. Alle Parteien und das BMJ verfolgten dabei einmütig das Ziel, das Risiko von Wiederholungstaten so gering wie möglich zu halten.

Von besonderer Bedeutung ist in diesem Zusammenhang der Vorschlag des damaligen FDP-Rechtsausschußmitglieds ENGELHARD, dem Unterschied zwischen spezieller und allgemeiner Legalbewährung durch Einführung einer spezifischen Prognoseklausel Rechnung zu tragen. Nach dieser von ENGELHARD vorgeschlagenen Klausel, die sich stark an einem Vorschlag des Deutschen Richterbundes orientierte, sollte eine Strafaussetzung dann möglich sein,

> "wenn nicht zu befürchten ist, daß die durch Tat angezeigte Gefährlichkeit fortbesteht, und auch sonst verantwortet werden kann, zu erproben, ob der Verurteilte außerhalb des Strafvollzugs keine Straftaten mehr begehen wird" (Hervorh., C.L.)

Dieser Formulierungsvorschlag unterschied sich von der im Regierungsentwurf vorgeschlagenen Prognoseklausel, die mit der Klausel der bereits bestehenden Regelung zur Strafrestaussetzung bei zeitiger Freiheitsstrafe (§ 57 Abs. 1 Satz 1 Nr. 2 StGB) identisch war und die eine Strafaussetzung u.a. erlaubte,

> "wenn verantwortet werden kann, zu erproben, ob der Verurteilte außerhalb des Strafvollzugs keine Straftaten mehr begehen wird"
> (Hervorhebung, C. L.)

In dieser Klausel wird also nicht - wie von ENGELHARD gefordert - zwischen spezieller und allgemeiner Legalbewährung unterschieden.

Gegenüber der von ENGELHARD vorgeschlagenen Formulierung bestanden jedoch erhebliche rechtsdogmatische Bedenken von seiten des BMJ. Eine derartige Sonderklausel hätte - so lautete das Argument des BMJ - unerwünschte Rückwirkungen auf die Prognoseklausel bei zeitigen Freiheitsstrafen (§ 57 StGB), die darin bestünden, die Klausel des § 57 StGB nicht mehr 'so ernst' zu nehmen, d.h. an diese Klausel geringere Anforderungen zu stellen, als an die Sonderklausel des neuen § 57a StGB. Dieser Rückschluß, an die Prognoseklausel für zeitige Freiheitsstrafen geringere Anforderungen zu stellen, ist insbesondere in solchen Fällen äußerst problematisch bzw. fatal, in denen ein Tötungsdelinquent wegen Fehlens von Mordmerkmalen, die in § 211 StGB aufgeführt sind, nicht als Mörder, sondern als Totschläger (§ 212 StGB) eingestuft und daher 'nur' zu einer zeitigen Freiheitsstrafe verurteilt wird. Das gleiche Problem ergibt sich bei Mördern, die aufgrund verminderter Schuldfähigkeit ebenfalls 'nur' zu einer zeitigen Freiheitsstrafe verurteilt werden. Da nämlich Totschläger und vermindert schuldfähige Mörder ebenso gefährlich wie zu lebenslanger Freiheitsstrafe verurteilte Mörder sein können, sollten für diese Tätergruppen nach Auffassung des BMJ und der SPD keine unterschiedlichen Prognoseklauseln bei einer Strafaussetzung gelten.

Das BMJ führte nun für die Übernahme der 'alten' Prognoseklausel des § 57 StGB in die neue Regelung das Argument an, daß die Klausel für zeitige Freiheitsstrafen die von ENGELHARD geforderten Überlegungen zur Differenzierung zwischen Tötungs- und anderen (u.U. Bagatell-) Delikten implizit bereits enthalte. Daher sei die Formulierung einer Sonderklausel für den neuen § 57a StGB, die diese Differenzierung explizit berücksichtige, überflüssig und nicht erforderlich. Das BMJ argumentierte nämlich, daß nach der geltenden Klausel für zeitige Freiheitsstrafen nur dann entlassen werde, wenn mit großer Sicherheit vorauszusehen wäre, daß keine schwerwiegende Straftat mehr begangen wird. Da nun das Maß dieser Sicherheit um so höher sein müsse, je schwerer die Schuld sei, bräuchte man keine neue Klausel für den § 57a StGB einzuführen.

Die Kompromißlösung, auf die sich schließlich das BMJ und die FDP einigten, nämlich eine Formulierung in die Sachverständigenregelung in § 454 StPO aufzunehmen, die sich explizit auf die einschlägige Rückfallgefahr bezieht, führt nicht zu rechtsdogmatischen Problemen (wie eine Sonderklausel) und bringt eine Selbstverständlichkeit zum Ausdruck. In § 454 Abs. 1 Satz 5 der StPO wird im nun geltenden Recht der Unterschied zwischen verschiedenen Deliktarten durch folgende neu eingeführte Formulierung berücksichtigt:

> "Die Vollstreckung des Restes der lebenslangen Freiheitsstrafe darf das Gericht nur aussetzen, wenn es zuvor das Gutachten eines Sachverständigen über den Verurteilten, namentlich darüber eingeholt hat, ob keine Gefahr mehr besteht, daß dessen durch die Tat zutage getretene Gefährlichkeit fortbesteht" (Hervorhebung, C.L.)

Das Fazit unserer Konfrontation gesetzgeberischer Argumente mit kriminologischem Wissen lautet in diesem Fall folgendermaßen: Sofern sich am Gesetzgebungsprozeß beteiligte Personen zur speziellen Legalbewährung bzw. zur einschlägigen Rückfälligkeit entlassener Mörder geäußert haben, entsprachen diese Äußerungen dem kriminologischen Erkenntnisstand.

6.3. Haftdauer, vorzeitige bedingte Entlassung und Rückfälligkeit begnadigter 'Lebenslänglicher'

Eine Reihe kriminologischer Studien hat gezeigt, daß eine Verkürzung von Haftzeiten im Wege einer vorzeitigen bedingten Entlassung keine negativen bzw. sogar positive Effekte auf die Spezialprävention hat (vgl. hierzu die bei ALBRECHT et al. 1981, S. 317 angegebenen Studien). Auch bei begnadigten 'Lebenslänglichen' führt die Verbüßung kürzerer Strafzeiten nicht zu einer höheren Rückfälligkeit, sondern Legalverhalten tritt bereits schon nach relativ kurzen Verbüßungszeiten auf (ALBRECHT 1977, S. 143).

Diesen Forschungsergebnissen widerspricht nun eindeutig die von der CDU/CSU im Rahmen der parlamentarischen Beratungen formulierte Behauptung, die verbüßte Zeit stehe in einem umgekehrten Verhältnis zur Rückfallgefahr (d.h. je kürzer die Haftdauer, desto größer die Rückfallgefahr). Diese empirische Behauptung wurde von der CDU/CSU-Opposition als stützendes Argument für die Einführung einer spezifischen Prognoseklausel bei der Strafaussetzung für 'Lebenslängliche' verwendet (vgl. BT-Protokoll der 181. Sitzg. vom 19.10.79, S. 14 252). Diese Prognoseklausel sah eine Strafaussetzung nur dann vor,

> "wenn die Gewähr besteht, daß der Verurteilte außerhalb des Strafvollzugs keine Straftaten mehr begehen wird"
> (Hervorhebung, C. L.)

Der argumentative Zusammenhang zwischen der von der CDU/CSU formulierten Aussage zum Einfluß der Haftdauer auf die Rückfallgefahr und der Einführung einer spezifischen Prognoseklausel läßt sich folgendermaßen rekonstruieren: Da bei Geltung einer 20-jährigen Mindestverbüßungsdauer 20 Jahre die 'geringstmögliche' Verbüßungszeit für 'Lebenslängliche' darstellten und da der Zusammenhang zwischen Haftdauer und Rückfallgefahr gelte, sollte die Entscheidung über eine Strafaussetzung nach 20 Jahren an eine besonders strenge und restriktive ('Gewähr' in der von der CDU/CSU präferierten Prognoseklausel statt 'verantwortet werden kann, zu erproben', in der

Prognoseklausel des Regierungsentwurfs) Prognoseklausel geknüpft werden.

Festzuhalten ist also, daß die von der damaligen CDU/CSU-Opposition formulierte Behauptung über den Zusammenhang zwischen Haftdauer und Rückfallgefahr dem kriminologischen Forschungsstand widerspricht.

6.4. Zur Frage von Haftschäden durch lange Verbüßungszeiten

Zur Frage des Auftretens von Haftschäden als Folge langer Verbüßungszeiten liegen im Bereich der kriminologischen Forschung z.T. sehr unterschiedliche Ergebnisse vor. So liegen zum einen Studien vor, die behaupten, lange Haftstrafen führten zu schweren und irreparablen Persönlichkeitsschäden (vgl. z.B. die Vollzugspraktiker EINSELE 1978 u. STARK 1978). Eine andere Gruppe von Forschern hält es demgegenüber für empirisch abgesichert, daß lange Haftstrafen nicht zu irreparablen Persönlichkeitsschäden führen (vgl. hierzu z.B. BANISTER et al. 1973, BOLTON et al. 1976, GOEMANN 1977, RASCH 1978, BRESSER 1978, WULF 1979).

Aufgrund dieser heterogenen Forschungslage war es dem BVerfG im Rahmen seiner Entscheidung vom 21.6.77 offenbar auch nicht möglich, zu einer eindeutigen abschließenden Stellungnahme in dieser Frage zu gelangen. Das BVerfG setzte deshalb hinter diese Frage der Haftschäden auch ein 'non liquet', d.h. die Feststellung, daß diese Frage noch ungeklärt und z.Zt. durch wissenschaftliche Forschung nicht eindeutig entscheidbar sei.

Angesichts der zunehmenden Zahl von Untersuchungen, die nachweisen, daß lange Haftstrafen keine irreparablen Persönlichkeitsschäden zur Folge haben, kann die gegenwärtige Forschungslage jedoch dahingehend charakterisiert werden, daß eher davon auszugehen ist, daß lange Verbüßungszeiten nicht zu irreparablen Persönlichkeitsschäden führen.

Aufgrund unserer Studie läßt sich sagen, daß Ministerialbeamte des BMJ sowie Mitglieder aller Parteien die übereinstimmende Auffassung vertraten, daß lange Haftstrafen nicht zu irreparablen Persönlichkeitsschäden führen. Innerhalb dieser von allen vertretenen Auffassung gab es jedoch Unterschiede (vgl. hierzu auch die Antworten auf die Interviewleitfadenfrage 2.4. in Abschnitt 5.1.5.1.2.). So folgte der damalige Bundesjustizminister dem BVerfG in dessen Beurteilung der (noch) nicht gegebenen Entscheidbarkeit dieser Frage, dem 'non liquet'. Ein Mitglied der CDU, das mit diesem Gesetz im Vermittlungsausschuß befaßt war, vertrat die Meinung, daß die 'humanitäre Avantgarde' die Persönlichkeitsschäden übertreibe. Zwischen diesen beiden Auffassungen war die Meinung des für den Regierungsentwurf zuständigen Referenten im BMJ angesiedelt, der meinte, es träten zwar keine Persönlichkeitszerstörungen, jedoch erhebliche Eingliederungsschwierigkeiten und eine gewisse Lebensuntüchtigkeit auf. Zu dieser Einschätzung gelangte der Referent auch aufgrund persönlicher Gespräche mit einsitzenden 'Lebenslänglichen' und eigener Teilnahme an Gruppentherapiesitzungen für 'Lebenslängliche' in Strafvollzugsanstalten. Diese persönlichen Erfahrungen führten ihm die Notwendigkeit einer rechtzeitigen, d.h. zweijährigen Entlassungsvorbereitung im Hinblick auf eine <u>erfolgreiche Sozialbewährung</u> deutlich vor Augen, so daß die neue Regelung vorsieht, daß betroffene 'Lebenslängliche' bereits zwei Jahre vor Ablauf der Mindestverbüßungsdauer einen Antrag auf Strafaussetzung stellen können (§ 454 Abs. 1 Satz 4 Nr. 2 b StPO). Ebenfalls im Hinblick auf eine erfolgreiche Sozialbewährung und Integration entlassener 'Lebenslänglicher' waren das BMJ, die SPD und die FDP der Auffassung, daß eine 15-jährige Mindestverbüßungsdauer im Gegensatz zu der von der CDU/CSU-Opposition geforderten 20-jährigen Mindestverbüßungsdauer <u>eher</u> zu einer <u>Resozialisierung</u> beitrage und den schädlichen Auswirkungen eines langen Freiheitsentzugs entgegenwirke.

Als Fazit unserer Konfrontation bleibt festzuhalten, daß die Äußerungen der am Gesetzgebungsprozeß beteiligten Personen zum Zusammenhang zwischen langen Freiheitsstrafen und irreparablen Haftschäden mit der Mehrzahl der Untersuchungen zu diesem Bereich <u>übereinstimmen</u>.

7. Implementationsprobleme der strafrechtlichen Normen des § 57a StGB

Die Regelungen des § 57a StGB traten am 1.5.1982 in Kraft. Dies hatte zur Folge, daß die Strafvollstreckungskammern (StrVK) der jeweiligen Landgerichte über eine Vielzahl von Anträgen 'Lebenslänglicher' auf Strafaussetzung der lebenslangen Freiheitsstrafe zur Bewährung gemäß § 57a StGB zu entscheiden hatten. In einigen Fällen der Ablehnung einer Aussetzung durch eine Strafvollstreckungskammer wurde von den Antragstellern Beschwerde gegen den ablehnenden Beschluß der Strafvollstreckungskammer eingelegt. Dies bedeutete, daß sich die zuständigen Beschwerdegerichte - d.h. hier die Oberlandesgerichte (OLG) - mit den angefochtenen Beschlüssen der Strafvollstreckungskammern zu befassen hatten. Im folgenden werden wir die bis Dezember 1983 praktizierte und veröffentlichte Rechtsprechung der Oberlandesgerichte zu § 57a StGB darstellen, um auf zwei Implementationsprobleme[20] (zur Implementationsforschung vgl. MAYNTZ 1980 u. 1983) der neu eingeführten Rechtsnorm des § 57a StGB hinzuweisen (für eine detaillierte Analyse der Rechtsprechung und der Kommentarliteratur zu § 57a StGB vgl. MÜLLER 1983).

7.1. Anwendungsprobleme des Gesetzes beim Zusammentreffen von lebenslanger mit weiterer zeitiger oder lebenslanger Freiheitsstrafe

Im Gesetz wurden die Fälle des Zusammentreffens von lebenslanger mit weiterer zeitiger oder lebenslanger Freiheitsstrafe entgegen den Forderungen des Bundesrates (BT-Drs. 8/3218 vom 28.9.79, S. 12 f.) und anderer Kritiker (GROSS 1979) nicht geregelt (vgl. hierzu Übersicht 15). Der Gesetzgeber war nämlich der Auffassung, diesen Bereich bis zu einer späteren gesetzlichen Regelung für eine Übergangszeit der gerichtlichen Praxis zu überlassen (vgl. BT-Drs. 8/3218, S. 16). So läßt die neue gesetzliche Regelung z.B. offen, ob an die Mindestverbüßungsdauer von 15 Jahren auch dann anzuknüpfen ist, wenn der Täter wegen mehrerer Taten mehrfach zu lebenslanger Freiheitsstrafe verurteilt worden ist oder ob in einem solchen Fall ein Nacheinandervollzug von jeweils 15 Jahren entsprechend der Zahl der lebenslangen Freiheitsstrafen stattfinden muß. Bei Mehrfachtätern (zur Problematik des Mehrfachtäters im Rahmen des § 57a StGB vgl. BÖHM 1982), die zu lebenslanger und zu zeitiger Freiheitsstrafe verurteilt sind, kann es, so das OLG Karlsruhe

> "... nicht bei der Mindestverbüßungszeit des § 57a StGB ... verbleiben. Diese ist ... grundsätzlich und je nach dem Gewicht der weiteren Verurteilungen ... zu überschreiten, was sich aus dem Mehr an Handlungsunrecht und dem erhöhten Maß der Schuld rechtfertigt, das den Täter bei Begehung weiterer, mit zeitiger oder lebenslanger Freiheitsstrafe bedrohter Handlungen neben einer mit lebenslanger Freiheitsstrafe zu ahndenden Tat trifft." (NStZ 1973, S. 75)

Das Kammergericht (KG) Berlin ist der Auffassung,

> "... daß beim Zusammentreffen verschiedener selbständiger Straftaten, von denen eine mit lebenslanger und die andere mit zeitiger Freiheitsstrafe zu ahnden ist, die Mindestverbüßungszeit ... angemessen überschritten wird." (NStZ 1983, S. 77)

Unter Bezugnahme auf einen Arbeitsentwurf des Bundesjustizministeriums eines Strafrechtsänderungsgesetzes zum weiteren Ausbau der Strafaussetzung zur Bewährung vom 18.6.1982 (dieser Entwurf entstand noch unter der SPD/FDP-Koalition) gelangt das Kammergericht Berlin zu der Auffassung, daß in einem derartigen Fall

> "die gebotene Verbüßungszeit der lebenslangen Freiheitsstrafe ... nur um ein Drittel der Höhe der verhängten Freiheitsstrafe überschritten werden." (NStZ 1983, S. 77)

dürfe. Diese Entscheidung des Kammergerichts ist nun, wenn nicht gar als rechtswidrig, so doch zumindest als äußerst problematisch zu bezeichnen, da in den Gründen des Urteils auf einen Arbeitsentwurf des BMJ für einen zukünftigen § 57b StGB Bezug genommen wird (zur kritischen Auseinandersetzung mit diesem Arbeitsentwurf vgl. v. BUBNOFF 1982), der jedoch noch kein geltendes Recht ist (zu dieser Auffassung vgl. auch die Entscheidung des OLG Bamberg, NStZ 1980, S. 320-321).

Bei einer Verurteilung zur lebenslangen und einer 15-jährigen Freiheitsstrafe vertritt das OLG Koblenz folgende Auffassung

> "für die Berechnung der Frist von 15 Jahren gemäß § 57a Abs. 1 Nr. 1 sei die verbüßte Freiheitsstrafe von 15 Jahren voll anzurechnen." (MDR 1982, S. 1083)

Die vom Gesetzgeber beabsichtigte Nicht-Berücksichtigung der Fälle des Zusammentreffens von lebenslanger mit weiterer zeitiger oder lebenslanger Freiheitsstrafe hat also zu einer problematischen, wenn nicht gar rechtswidrigen Rechtsprechung geführt, die wiederum Richtlinienfunktion für die weitere Spruchpraxis der Strafvollstreckungskammern und u.U. der Oberlandesgerichte haben kann.

Der Gesetzgeber scheint sich jedoch dem in diesem Abschnitt angesprochenen Problem bereits zugewendet zu haben. In einem Referentenentwurf des BMJ vom 18.7.83 zur Strafaussetzung zur Bewährung (dieser Entwurf entstand unter der CDU/FDP-Regierung) wird nämlich in einem § 57b StGB vorgeschlagen, daß eine vom Gericht festzulegende Mindestverbüßungsdauer beim Zusammentreffen mehrerer lebenslanger Freiheitsstrafen 25 Jahre und beim Zusammentreffen einer lebenslangen mit zeitiger Freiheitsstrafe oder Geldstrafe 20 Jahre nicht überschreiten darf.

7.2. Wiedereinführung des vom Gesetzgeber abgelehnten Merkmals der 'Verteidigung der Rechtsordnung' durch die Rechtsprechung

In einer Entscheidung des OLG Nürnberg vertritt das Gericht die folgende Auffassung: Wenn die Schuld vom Durchschnitt der gewöhnlich vorkommenden, mit lebenslanger Freiheitsstrafe geahndeten Verbrechen in einem Maße nach oben abweicht, daß eine Strafaussetzung nach 15 Jahren

> "mit dem Strafzweck der Generalprävention nicht vereinbar wäre oder zu einer empfindlichen Störung des Rechtsbewußtseins der Allgemeinheit führen würde." (NStZ 1982, S. 509)

sollte keine Aussetzung der Strafe erfolgen.

Mit der Heranziehung der Generalprävention und der Störung des Rechtsbewußtseins der Allgemeinheit korrigiert das OLG Nürnberg jedoch das Gesetz und verfälscht den Willen des Gesetzgebers, der ausdrücklich darauf verzichtet hat, das Merkmal der 'Verteidigung der Rechtsordnung' als entlassungshemmendes Kriterium ins Gesetz aufzunehmen (zu diesem Merkmal vgl. auch HAFFKE 1982). Durch die Rechtsprechung des OLG Nürnberg wird jedoch dieses Merkmal wieder eingeführt (vgl. hierzu auch die Entscheidung des OLG Nürnberg, NStZ 1983, S. 319-320).

Durch die Orientierung der weiteren Spruchpraxis der Strafvollstreckungskammern sowie der Oberlandesgerichte an dieser Entscheidung entsteht also die Gefahr, daß sich eine Rechtsprechung herausbildet, die die Intentionen des Gesetzgebers durch eine bestimmte Rechtsanwendung unterläuft.

ANMERKUNGEN

1. Diese Untersuchung entstand im Forschungsschwerpunkt 'Soziale Probleme: Kontrolle und Kompensation' an der Universität Bremen. Für hilfreiche Kritik und Anregungen danke ich Peter Boy, Ludwig Ellermann, Johannes Feest, Hans Haferkamp, Hans-Günther Heiland und Dennis Pécic. Nicht zuletzt möchte ich den Rechtspolitikern sowie den Ministerial- und Verwaltungsbeamten danken, die durch ihre Gesprächsbereitschaft oder durch das Zugänglichmachen von Material diese Studie ermöglichten.

2. Auch die Bibliographie zu Fallstudien zur Entstehung von Bundesgesetzen, die sich bei SCHINDLER 1981 findet, enthält keine Studie, die sich auf die Entstehung von Strafgesetzen bezieht.

3. Zur Erklärung politischer Entscheidungen vgl. GALLHOFER/SARIS 1979, 1979 b u. 1982 sowie SARIS/GALLHOFER 1975. Zur Rekonstruktion politischer Entscheidungsprozesse vgl. GALLHOFER/SARIS 1979 a. Für einen ähnlichen theoretischen sowie methodischen Ansatz vgl. AXELROD 1976 u. 1977.

4. An dieser Stelle möchte ich Johannes Feest für den Hinweis auf dieses Gesetzgebungsverfahren danken.

5. Gegen die Verwendung dieses Ansatzes spräche lediglich der bei vielen Soziologen anzutreffende Originalitätszwang, der dazu führt, daß für jedes spezifische Explanandum auch eine spezifische Theorie, wie unklar und unbegründet sie auch immer sein mag, entwickelt werden muß. Solche ad-hoc-Theorien erklären nur diejenigen Sachverhalte, zu dessen Erklärung sie aufgestellt wurden - und sonst nichts. Vgl. hierzu z.B. POPPER 1972, S. 241 f., der nachweist, daß fruchtbare, d.h. erklärungskräftige Theorien gerade nicht ad-hoc formuliert sind.

6. Daß die Kenntnis kognitiver Prozesse, wie z.B. der Einschätzung der Wahrscheinlichkeit und des Nutzens von Konsequenzen politischer Entscheidungen für das Verständnis und die Erklärung politischer Entscheidungsprozesse unumgänglich ist, haben z.B. die Untersuchungen von ALLISON 1971, STEINBRUNER 1974, AXELROD 1976 u. 1977 u. GALLHOFER/SARIS 1979, 1979 b und 1982 sowie SARIS/GALLHOFER 1975 gezeigt.

7. Die GGO II enthält z.B. u.a. in § 40 folgende Forderung (zit. nach HILL 1982, S. 166):

   "In der Begründung (des Gesetzesentwurfs) sind andere wesentliche Lösungsmöglichkeiten darzustellen und die Erwägungen, die zu ihrer Ablehnung geführt haben, zu erläutern."

   Derartige ministerielle Richtlinien werden auch als Metanormen des Rechts bezeichnet. Vgl. hierzu LACHMEYER 1981. Zu derartigen Richtlinien vgl. KINDERMANN 1979.

8. Vgl. hierzu die von GOERLICH 1977 zusammengestellten Kriterien des Bundesverfassungsgerichts wie z.B. erschöpfende Ermittlung und prüfende Vergleichung von Alternativen, Geeignetheit, Erforderlichkeit, Zumutbarkeit und Proportionalität legislatorischer Maßnahmen, Beurteilung von Fernwirkungen, Einbeziehung alternativer, administrativer Effekte und ihrer Rückwirkungen auf den Erfolg einer legislatorischen Zielsetzung. Vgl. hierzu auch HILL 1982, S. 75 ff. u. AMELUNG 1980, S. 71.

9. Zu Übersicht 2:
Bei Bayern sind in den Zahlen 54 Verurteilungen durch amerikanische Militärgerichte enthalten. Sie sind zeitlich nicht näher aufgeschlüsselt und sämtlich dem Zeitraum 1946 - 1955 zugerechnet worden. In allen Ländern sind in den Zahlen die Todesstrafen mit enthalten, auch soweit sie nicht in lebenslange Freiheitsstrafen auf dem Gnadenweg umgewandelt worden sind (3 Fälle in NRW). Vom 8.5.1945 - 31.12.1945 ist eine Verurteilung zu lebenslanger Freiheitsstrafe erfolgt, die in den Zahlen nicht enthalten ist (in Niedersachsen, § 211). Auch in Bayern ist durch deutsche Gerichte keine Verurteilung erfolgt.

10. Zu Übersicht 3:
In Berlin und NRW konnte je 1 Fall keinem Tatbestand zugeordnet werden, so daß die Gesamtzahl um jeweils diesen Fall höher liegt als sie sich aus dieser Tabelle ergibt. Die im Vergleich zur hier vorgenommen Zusammenfassung detaillierteren Auskünfte der Länder haben ergeben, daß Verurteilungen zu lebenslanger Freiheisstrafe weder aus § 229 noch § 316a noch sonst. Tatbeständen allein oder i.V. mit anderen Tatbeständen (außer §§ 211, 212) erfolgt sind. Nähere Angaben zur Anwendung des § 212 allein oder i.V. mit anderen Tatbeständen (außer § 211) liegen für Niedersachsen vor. Alle drei Fälle des Zeitraums 1946 - 1955 betreffen NS-Taten. Die übrigen drei Fälle (1966 - 1975) betreffen eine Verurteilung kombiniert mit Diebstahl und § 20 a StGB a.F. (Gewohnheitsverbrecher); eine Kombination mit § 176 und eine Kombination mit § 250.

11. Zu Übersicht 4:
Angaben zusammengestellt auf Grund der Rechtspflegestatistik für die Jahre 1971 - 1974. Verurteilte: In den Zahlen sind 5 Verurteilungen zu Geldstrafe mit enthalten (alle gem. §§ 212, 213). Besonders schwerer Raub: Im selben Zeitraum 44 Verurteilte (alle m), davon 2 zu lebenslanger Freiheitsstrafe. Lebenslange Freiheitsstrafe insgesamt: Im selben Zeitraum = 236 (davon 6 w), 228 aus § 212, 2 aus § 251.

12. Wir orientieren uns hier an einem idealtypischen Ablaufschema von HILL 1982, S. 66 ff. Sehr ähnliche Ablaufmodelle finden sich bei NOLL 1973, S. 72 ff., HAFERKAMP/LAUTMANN/BRUSTEN 1978, S. 13, JAHN 1981, S. 31 und HASSEMER/STEINERT/TREIBER 1978, S. 13.

13. Berichterstatter sind jene Abgeordnete, die sich im Ausschuß besonders eingehend mit einem Gesetzesentwurf beschäftigt haben und die dem Bundestagsplenum einen schriftlichen Bericht erstatten und diesen Bericht in den Plenarsitzungen ergänzen und vertiefen.

14. Als Obleute werden die Sprecher der einzelnen Fraktionen in einem Ausschuß bezeichnet.

15. An den Wähler gerichtete Äußerungen sowie polemische Attacken des politischen Gegners machen z.B. Bundestagsdebatten relativ ungeeignet für eine entscheidungstheoretisch orientierte Inhaltsanalyse. Vgl. hierzu auch BEHRENS 1980, S. 13.

16. "Oft sind die Niederschriften über die Ausschußsitzungen so ausführlich, daß die Erwägungen, die zu einer bestimmten Gestaltung oder Formulierung geführt haben, durchaus ersichtlich sind." (SCHNEIDER 1982, S. 73).

17. Diese Entscheidungsregel liegt einer Vielzahl soziologischer, sozialpsychologischer und ökonomischer Theorien zugrunde. Vgl. die Theorien von TOLMAN 1955, ATKINSON 1957, ROTTER 1954, LEWIN et al. 1944, VROOM 1964, KRAAK/LINDENLAUB 1973, RIKER/ORDESHOOK 1973, LANGENHEDER 1975, AJZEN/FISHBEIN 1980, KAUFMANN 1978. Vgl. hierzu auch FEATHER 1959.

18. Äußerungen besitzen eine 'emotive' Bedeutung, sofern sie Gefühle oder Einstellungen des Sprechers ausdrücken bzw. beim Hörer bestimmte Gefühle oder Einstellungen hervorrufen. Vgl. zur deskriptiven und emotiven Bedeutung von Ausdrücken GREWENDORF/MEGGLE 1974.

19. Dieser Abschnitt 6 besteht aus einer leicht modifizierten Version von LÜDEMANN 1984.

20. Ein weiteres Implementationsproblem, auf das wir jedoch nicht näher eingehen wollen, bezieht sich auf die Erstellung eines Gutachtens im Sinne der vom Gesetz geforderten Prognose. In letzter Zeit sind einige wenige Fälle aufgetreten, in denen aufgrund einer positiven gutachterlichen Prognose entlassene Tötungsdelinquenten erneut ein schweres Verbrechen begangen haben. Die damit verknüpften starken Angriffe auf die betroffenen Sachverständigen (vor allem durch die Medien) können nun den Effekt haben, daß Gutachter in Zukunft aus Vorsicht auch in jenen Fällen negative Gutachten abgeben, in denen sie sonst ein positives Gutachten formuliert hätten. Angst vor öffentlicher Kritik und die Furcht, sich eine akademische Karriere durch eine Fehlprognose zu ruinieren, führen u.U. zu einer Gutachterpraxis, die auf Kosten der betroffenen 'Lebenslänglichen' sowie der wissenschaftlichen Redlichkeit persönliche Ziele in den Vordergrund stellt.

ABKÜRZUNGSVERZEICHNIS

Abs.	=	Absatz
AE	=	Alternativentwurf
a.F.	=	alte Fassung
Anm.	=	Anmerkung
Art.	=	Artikel
BGH	=	Bundesgerichtshof
BMF	=	Bundesministerium der Finanzen
BMJ	=	Bundesministerium der Justiz
BR-Drs.	=	Bundesratsdrucksache
BT-Drs.	=	Bundestagsdrucksache
BVerfG	=	Bundesverfassungsgericht
BVerfGE	=	Bundesverfassungsgerichtsentscheidung
E	=	Entwurf
EGStGB	=	Einführungsgesetz zum Strafgesetzbuch
GG	=	Grundgesetz
GGO	=	Gemeinsame Geschäftsordnung der Bundesministerien
i.d.R.	=	in der Regel
i.V.m.	=	in Verbindung mit
JGG	=	Jugendgerichtsgesetz
KG	=	Kammergericht
KRG	=	Kontrollratsgesetz
Krim.J.	=	Kriminologisches Journal
LG	=	Landgericht
Lit.	=	Literatur
LJM	=	Landesjustizministerium
MdB	=	Mitglied des Bundestages
MDR	=	Monatsschrift für Deutsches Recht
MdRA	=	Mitglied des Rechtsausschusses
m.w.N.	=	mit weiteren Nachweisen
NJW	=	Neue Juristische Wochenschrift
NS	=	Nationalsozialismus, nationalsozialistisch
NStZ	=	Neue Zeitschrift für Strafrecht
ÖTV	=	Gewerkschaft Öffentliche Dienste, Transport und Verkehr
OLG	=	Oberlandesgericht
RA	=	Rechtsausschuß

RefE	=	Referentenentwurf
RegE	=	Regierungsentwurf
StGB	=	Strafgesetzbuch
StPO	=	Strafprozeßordnung
StrÄndG	=	Strafrechtsänderungsgesetz
StrRG	=	Strafrechtsreformgesetz
StrVK	=	Strafvollstreckungskammer
StVollzG	=	Strafvollzugsgesetz

LITERATURVERZEICHNIS

AJZEN, I./FISHBEIN, M.: Understanding Attitudes and Predicting Social Behavior, Englewood Cliffs, N.J., 1980

ALBRECHT, H.J./DÜNKEL, F./SPIESS, G.: Empirische Sanktionsforschung und die Begründbarkeit von Kriminalpolitik, in: Monatsschrift für Kriminologie und Strafrechtsreform 1981, S. 310-326. (zit. als ALBRECHT et al.)

ALBRECHT, P.A.: Die Soziale Reinintegration 'Lebenslänglicher' im Spannungsverhältnis von Recht und Gnade, in: Monatsschrift für Kriminologie und Strafrechtsreform 1973, S. 198-206

ALBRECHT, P.A.: Zur sozialen Situation entlassener 'Lebenslänglicher', in: Monatsschrift für Kriminologie und Strafrechtsreform 1977, S. 133-152

ALLISON, G.T.: Essence of Decision. Explaining the Cuban Missile Crisis, Boston 1971

AMELUNG, K.: Strafrechtswissenschaft und Strafgesetzgebung, in: Zeitschrift für die gesamte Strafrechtswissenschaft, 92/1980, S. 19-72

APEL, K.O./MANNINEN, J./TUOMELA, R. (Eds.): Neue Versuche über Erklären und Verstehen, Frankfurt a.M. 1978. (zit. als APEL et al.)

ARZT, G.: Zu den Auswirkungen der tatbestandlichen Ausgestaltung des § 211 StGB, in: JESCHECK/TRIFFTERER 1978, S. 141-155

ASCHENBRENNER, M.: Komplexes Wahlverhalten als Problem der Informationsverarbeitung, in: H. UECKERT/D. RHENIUS (Hrsg.): Komplexe menschliche Informationsverarbeitung. Beiträge zur Tagung 'Kognitive Psychologie' in Hamburg 1978, Bern u.a. 1979, S. 411-424

ASSMANN, H.D./KIRCHNER, C./SCHANZE, E. (Eds.): Ökonomische Analyse des Rechts, Kronberg 1978. (zit. als ASSMANN et al.)

ATKINSON, J.W.: Motivational Determinants of Risk-Taking Behavior, in: Psychological Review 64, 1957, S. 359-372

AXELROD, R. (Ed.): Structure of Decision: The cognitive Maps of Political Elites, Princeton 1976

AXELROD, R.: Argumentation in Foreign Policy Settings. Britain in 1918, Munich in 1938 and Japan in 1970, in: Journal of Conflict Resolution, 21, 1977, S. 727-756

BACHOF, O.: Über Fragwürdigkeiten der Gnadenpraxis und der Gnadenkompetenz, in: Juristenzeitung, 1983, S. 469-475

BANISTER, P.A./SMITH, F.V./HESKIN, K.J./BOLTON, N.: Psychological correlates of longterm imprisonment, I, Cognitive variables, in: British J. of Criminology, Delinquency and Deviant Social Behavior, 13, 1973, S. 312-323. (zit. als BANISTER et al.)

BECKMANN, H.: Die bedingte Entlassung aus der Strafhaft bei 'lebenslanger' Freiheitsstrafe, in: Deutsche Richterzeitung, 1979, S. 145-146

BECKMANN, H.: Ist die lebenslange Freiheitsstrafe noch ein verfassungsrechtliches Problem? Zum Urteil des Bundesverfassungsgerichts vom 21.6.1977, in: Goltdammer's Archiv für Strafrecht, 1979, S. 441-459. (zit als 1979 a)

BECKMANN, H.: Die Aussetzung des Strafrestes bei lebenslanger Freiheitsstrafe, in: Neue Juristische Wochenschrift 1983, S. 537-543

BEHRENS, H.: Politische Entscheidungsprozesse. Konturen einer politischen Entscheidungstheorie, Opladen 1980

BERGER, P.L./LUCKMANN, T.: Die gesellschaftliche Konstruktion der Wirklichkeit, Stuttgart 1969

Bericht über das 4. Arbeitstreffen der Rechtsausschüsse des Deutschen Bundestages und der Französischen Nationalversammlung am 10./11.6.77 in Frankreich zum Thema 'Problem der lebenslangen Freiheitsstrafe', Drucksache 8/36 des Rechtsausschusses des Deutschen Bundestages vom 27.9.77

BERTRAM, G.: Zu den Auswirkungen der tatbestandlichen Ausgestaltung des § 211 StGB, in: JESCHECK/TRIFFTERER 1978, S. 157-179

BLANKENBURG, E./TREIBER, H.: Der politische Prozeß der Definition von kriminellem Verhalten, in: Krim.J., 1975, S. 252-262

BLASIUS, D.: Bürgerliche Gesellschaft und Kriminalität. Zur Sozialgeschichte Preußens im Vormärz, Göttingen 1976

BÖHM, K.: Zusammentreffen von lebenslanger Freiheitsstrafe mit anderen Strafen und freiheitsentziehenden Maßregeln, in: Neue Juristische Wochenschrift, 1982, S. 135-141

BÖHRET, C.: Entscheidungshilfen für die Regierung, Opladen 1970

BÖNNER, K.H./de BOOR, W. (Eds.): Antrieb und Hemmung bei Tötungsdelikten. Zur Frage der bedingten Aussetzung lebenslanger Freiheitsstrafen, Basel u.a. 1982

BOLTON, N./SMITH, F.V./HESKIN, K.J./BANISTER, P.A.: Psychological correlates of longterm imprisonment, IV, A longitudinal analysis, in: British J. of Criminology, Delinquency and Deviant Social Behavior, 16, 1976, S. 38-47. (zit. als BOLTON et al.)

BRESSER, P.H.: Die Begutachtung zur Sozialprognose 'Lebenslänglicher' und Sicherungsverwahrter, in: Juristische Rundschau, 1974, S. 265-270

BRESSER, P.H.: Haftschäden durch den Vollzug der lebenslangen Freiheitsstrafe, in: JESCHECK/TRIFFTERER 1978, S. 15-24

BRUSTEN, M.: Genese und Implementation strafrechtlicher Normen zur Führungsaufsicht. Theoretischer Bezugsrahmen und Konzeption einer empirischen Untersuchung, in: Krim.J., 1982, S. 194-204

BUBNOFF v., E.: Zur Problematik des Mehrfachtäters im Rahmen des § 57a StGB, in: Juristische Rundschau, 1982, S. 441-446

BUNDESMINISTERIUM DER FINANZEN: Ablaufdiagramm über das Zustandekommen eines Bundesgesetzes, Bonn 1.12.78, 32 S.

BUNDESRATS-DRUCKSACHEN

- Gesetzentwurf der Bundesregierung. Entwurf eines 17. StrÄndG, BR-Drs. 2/79 vom 5.1.79
- Empfehlungen der Ausschüsse zum Entwurf eines 17. StrÄndG, BR-Drs. 2/1/79 vom 31.1.79
- Stellungnahme des Bundesrates zum Entwurf eines 17. StrÄndG, BR-Drs. 2/79 (Beschluß) vom 16.2.79
- Gesetzesbeschluß des Bundestages zum 19. StrÄndG, BR-Drs. 278/80 vom 23.5.80
- Empfehlungen der Ausschüsse zum 19. StrÄndG, BR-Drs. 278/1/80 vom 2.6.80
- Anrufung des Vermittlungsausschusses durch den Bundesrat zum 19. StrÄndG, BR-Drs. 278/80 (Beschluß) vom 13.6.80
- Einspruch des Bundesrates zum 19. StrÄndG, BR-Drs. 422/80 (Beschluß) vom 18.7.80
- Gesetzesbeschluß des Bundestages zum 19. StrÄndG, BR-Drs. 261/80 vom 26.6.81
- Beschluß des Bundestages zum 19. StrÄndG, BR-Drs. 385/81 vom 2.10.81

BUNDESRATS-PROTOKOLLE

- Stenograph. Protokoll der 469. Sitzg. des Bundesrates vom 16.2.79, S. 27-38
- Stenograph. Protokoll der 469. Sitzg. des Bundesrates vom 16.2.79, S. 42-45

- Stenograph. Protokoll der 488. Sitzg. des Bundesrates vom 13.6.80, S. 262
- Stenograph. Protokoll der 488. Sitzg. des Bundesrates vom 13.6.80, S. 274-279
- Stenograph. Protokoll der 491. Sitzg. des Bundesrates vom 18.7.80, S. 350-352
- Stenograph. Protokoll der 504. Sitzg. des Bundesrates vom 9.10.81, S. 321-324
- Stenograph. Protokoll der 504. Sitzg. des Bundesrates vom 9.10.81, S. 356-357

BUNDESTAGS-DRUCKSACHEN

- Gesetzentwurf der Bundesregierung. Entwurf eines 17. StrÄndG, BT-Drs. 8/3218 vom 28.9.79
- Beschlußempfehlung und Bericht des Rechtsausschusses zu dem von der Bundesregierung eingebrachten Entwurf eines 17. StrÄndG, BT-Drs. 8/3857 vom 24.3.80
- Änderungsantrag der Fraktion der CDU/CSU zur 2. Beratung des von der Bundesregierung eingebrachten Entwurfs eines 17. StrÄndG, BT-Drs. 8/3997 vom 13.5.80
- Unterrichtung durch den Bundesrat zum 19. StrÄndG, BT-Drs. 8/4218 vom 16.6.80
- Unterrichtung durch den Vermittlungsausschuß, BT-Drs. 8/4362 vom 4.7.80
- Unterrichtung durch den Bundesrat, BT-Drs. 8/4413 vom 21.7.80
- Gesetzentwurf der Fraktionen der SPD und FDP. Entwurf eines 19. StrÄndG, BT-Drs. 9/22 vom 26.11.80
- Beschlußempfehlung und Bericht des Rechtsausschusses zu dem von den Fraktionen der SPD und FDP eingebrachten Entwurf eines 19. StrÄndG, BT-Drs. 9/450 vom 18.5.81
- Änderungsantrag der Fraktion der CDU/CSU zur 2. Beratung des von den Fraktionen der SPD und FDP eingebrachten Entwurfs eines 19. StrÄndG, BT-Drs. 9/608 vom 24.6.81
- Unterrichtung durch den Bundesrat zum 19. StrÄndG, BT-Drs. 9/655 vom 13.7.81
- Beschlußempfehlung des Vermittlungsausschusses zum 19. StrÄndG, BT-Drs. 9/825 vom 18.9.81
- Unterrichtung durch den Bundesrat, BT-Drs. 9/896 vom 21.10.81
- Antrag der Fraktionen der SPD und FDP: Einspruch des Bundesrates gegen das 19. StrÄndG, BT-Drs. 9/959 vom 29.10.81

BUNDESTAGS-PROTOKOLLE

- Stenograph. Protokoll der 58. Sitzg. des Bundestages vom 19.10.73, S. 3366
- Stenograph. Protokoll der 181. Sitzg. des Bundestages vom 19.10.79, S. 14245-14256

- Stenograph. Protokoll der 216. Sitzg. des Bundestages vom 13.5.80, S. 17370-17380
- Stenograph. Protokoll der 10. Sitzg. des Bundestages vom 11.12.80, S. 319-325
- Stenograph. Protokoll der 46. Sitzg. des Bundestages vom 25.6.81, S. 2667-2676
- Stenograph. Protokoll der 64. Sitzg. des Bundestages vom 12.11.81, S. 3719-3720
- Stenograph. Protokoll der 64. Sitzg. des Bundestages vom 12.11.81, S. 3724-3726

BUNDESVERFASSUNGSGERICHT: Beschluß vom 21.6.77 - 1 BvL 14/76, BVerfGE 45, S. 187 ff. = NJW 1977, S. 1525 ff. = MDR 1977, S. 902 ff.

BUNGE, M.: Scientific Research I, The Search for System, Berlin - Heidelberg - New York 1967

CANCIAN, F.: What are Norms? A Study of Beliefs and Action in a Maya Community, London u. New York 1975

CARNAP, R.: Statistische und induktive Wahrscheinlichkeit, in: L. KRÜGER (Ed.): Erkenntnisprobleme in den Naturwissenschaften, Köln u. Berlin 1970, S. 193-204

CDU/CSU-Bundestagsfraktion - Stichworte dieser Woche, 14.5.80

CSU-Pressemitteilungen - Nachrichten aus der CSU-Landesgruppe im Deutschen Bundestag, 27.2.80

DAVIS, K.: Social Norms, in: B.J. BIDDLE/E.J. THOMAS (Eds.): Role Theory. Concepts and Research, New York u.a. 1966, S. 105-112

DECKERS, R.: Zur Frage der Aussetzung des Strafrestes zur Bewährung bei lebenslanger Haft, in: K.H. BÖNNER/W. de BOOR, 1982, S. 102-111

DEXTER, L.A.: Elite and Specialized Interviewing, Evanston 1970

DREHER, E.: Richterliche Aussetzung des Strafrestes auch bei lebenslanger Freiheitsstrafe?, in: Festschrift für R. Lange, hrsg. von G. WARDA u.a., Berlin - New York 1976, S. 323-345

EINSELE, H.: Haftschäden durch den Vollzug der lebenslangen Freiheitsstrafe, in: JESCHECK/TRIFFTERER 1978, S. 43-59

EMERSON, R.M.: Social Exchange Theory, in: Annual Review of Sociology, 1976, Bd. 2, S. 335-362

ERICHSEN, H.U.: Zur Verfassungswidrigkeit der lebenslangen Freiheitsstrafe, in: NJW 1976, S. 1721-1726

FEATHER, N.T.: Subjective probability and decision under uncertainty, in: Psychological Review, 66, 1959, S. 150-164

FEIGE, J.: Vom Vollzug der lebenslangen Freiheitsstrafe, in: H. EINSELE/J. FEIGE/H. MÜLLER-DIETZ (Eds.): Die Reform der lebenslangen Freiheitsstrafe, Stuttgart 1972, S. 1-24

FREIBERG, A./BILES, D.: Time Served by Life Sentence Prisoners in Australia, in: The Australian and New Zealand, J. of Criminology, 1976, S. 77-87

FREY, B.S.: Moderne Politische Ökonomie, München 1977

FRIEDRICHS, J.: Methoden der empirischen Sozialforschung, Reinbek b. Hamburg 1973

FRIELINGHAUS, V.: Die lebenslange Freiheitsstrafe in verfassungsrechtlicher und kriminalstatistischer Sicht, in: Recht und Politik, 1971, S. 16-21

FRÜH, W.: Inhaltsanalyse. Theorie und Praxis, München 1981

FURUBOTN, E.G./PEJOVICH, S. (Eds.): The Economics of Property Rights, 11974, Cambridge Mass.

GALLHOFER, I.N./SARIS, W.E.: The Decision of the Dutch Council of Ministers and the military commander-in-chief relating to the reduction of armed forces in Autumn 1916, in: Acta Politica 1, 1979, S. 95-105

GALLHOFER, I.N./SARIS, W.E.: An Analysis of the Argumentations of Decision Makers using Decision Trees, in: Quality and Quantity, 13, 1979, S. 411-430. (zit. als 1979 a)

GALLHOFER, I.N./SARIS, W.E.: Strategy Choices of Foreign Policy Decision Makers: The Netherlands, 1914, in: Journal of Conflict Resolution, 23, 1979, S. 425-445. (zit. als 1979 b)

GALLHOFER, I.N./SARIS, W.E.: A decision theoretical analysis of decisions of the Dutch goverment with respect to the intervention of the Security Council in Indonesia in the winter of 1948/1949, Universität Amsterdam 1982, Ms.

GALTUNG, J.: Theory and Methods in Social Research, London, 3. Aufl.

GOEMANN, M.: Das Schicksal der 'Lebenslänglichen'. Erhebungen zur Lebenssituation und zur Sozialprognose von begnadigten Langzeitgefangenen, Berlin - New York 1977

GOERLICH, H.: Erfordernisse rationaler Gesetzgebung nach Maßstäben des Bundesverfassungsgerichts, in: Juristische Rundschau, 1977, S. 89-95

GORDEN, R.L.: Interviewing: Strategy, techniques, and tactics, rev. Ed., Homewood Ill., 1975

GREWENDORF, G./MEGGLE, G.: Zur Struktur des metaethischen Diskurses, in: dies. (Eds.): Seminar: Sprache und Ethik. Zur Entwicklung der Metaethik, Frankfurt a.M. 1974, S. 7-31

GROSS, K.H.: Aussetzung der lebenslangen Freiheitsstrafe. Zum Entwurf eines 17. Strafrechtsänderungsgesetzes, in: Zeitschrift für Rechtspolitik, 1979, S. 133-137

HAFERKAMP, H.: Herrschaft und Strafrecht, Opladen 1980

HAFERKAMP, H.: Norm/Normgenese, in: G. KAISER/H.J. KERNER/P. SACK/H. SCHELLHOSS (Eds.): Kleines kriminologisches Wörterbuch, Heidelberg u. Karlsruhe 1983

HAFERKAMP, H./LAUTMANN, R.: Zur Genese kriminalisierender Normen, in: Krim. J., 1975, S. 241-251

HAFERKAMP, H./LAUTMANN, R./BRUSTEN, M.: Empirische Erforschung der Normgenese, in: Monatsschrift für Kriminologie und Strafrechtsreform, 1978, S. 351-363

HAFFKE, B.: 'Besondere Schwere der Schuld' und 'Verteidigung der Rechtsordnung' in den Gesetzesentwürfen zur Aussetzung des Strafrestes bei lebenslanger Freiheitsstrafe, in: K.H. BÖNNER/W. de BOOR, 1982, S. 19-88

HANDSCHUH, E.: Gesetzgebung. Programm und Verfahren, Heidelberg u. Hamburg 1982

HASSEMER, W.: Verfassungswidrigkeit der lebenslangen Freiheitsstrafe für Mord, in: Juristische Schulung, 1976, S. 542-543

HASSEMER, W./STEINERT, H./TREIBER, H.: Soziale Reaktion auf Abweichung und Kriminalisierung durch den Gesetzgeber, in: W. HASSEMER/K. LÜDERSSEN (Hrsg.): Sozialwissenschaften im Studium des Rechts, Bd. III, Strafrecht, München 1978, S. 1-65

HILL, H.: Einführung in die Gesetzgebungslehre, Heidelberg 1982

HORN, E.: Wie lange dauert der Strafrest beim Widerruf einer ausgesetzten Lebenszeit-Strafe?, in: Zeitschrift für Rechtspolitik, 1980, S. 62-64

JACKSON, J.M.: Structural Characteristics of Norms, in: B.J. BIDDLE/E.J. THOMAS (Eds.): Role Theory. Concepts and Research, New York u.a. 1966, S. 113-126

JANN, W.: Kategorien der Policy-Forschung, Speyerer Arbeitshefte, Bd. 37, Speyer 1981

JESCHECK, H.H.: Zu den Auswirkungen der tatbestandlichen Ausgestaltung des § 211 StGB, in: JESCHECK/TRIFFTERER 1978, S. 127-140

JESCHECK, H.H./TRIFFTERER, O. (Eds.): Ist die lebenslange Freiheitsstrafe verfassungswidrig? Dokumentation über die mündliche Verhandlung vor dem BVerfG am 22. und 23.3.77, Baden-Baden 1978

KAISER, G.: Wie ist beim Mord die präventive Wirkung der lebenslangen Freiheitsstrafe einzuschätzen?, in: JESCHECK/ TRIFFTERER 1978, S. 115-124

KAUFMANN, K.: Kognitiv-hedonistische Theorie menschlichen Verhaltens, Zeitschrift für Sozialpsychologie, Beiheft 3, Bern u.a. 1978

KERNER, H.J.: Kriminologische Gesichtspunkte bei der Reform der lebenslangen Freiheitsstrafe, in: H.E. EHRHARDT/H. GÖPPINGER (Eds.): Kriminologische Gegenwartsfragen 11, Stuttgart 1974, S. 85-93

KINDERMANN, H.: Ministerielle Richtlinien der Gesetzgebungstechnik, Berlin u.a. 1979

KÖBERER, W.: Läßt sich Generalprävention messen? Zur neueren Diskussion der abschreckenden Wirkung von Strafe - am Beispiel der Todesstrafe in den USA, in: Monatsschrift für Kriminologie und Strafrechtsreform, 1982, S. 200-218

KRAAK, B./LINDENLAUB, S.: Einstellungen und Verhalten: Entwurf einer Theorie, in: Archiv für Psychologie, 1973, S. 274-287

KREUTZ, H./TITSCHER, S.: Die Konstruktion von Fragebögen, in: J. v. KOOLWIJK/M. WIEKEN-MAYSER (Eds.): Techniken der empirischen Sozialforschung, Bd. 4: Die Befragung, München 1974, S. 24-82

KREUZER, A.: Kriminologische Aspekte zur Debatte um die lebenslange Freiheitsstrafe, in: Zeitschrift für Rechtspolitik, 1977, S. 49-53

KREUZER, A.: Grundgesetz, Todesstrafe und lebenslange Freiheitsstrafe, in: Kriminalistik 33, 1979, S. 422- 429

KRÖKEL, M.: Die vorzeitige Entlassung Lebenslanger, in: K.H. BÖNNER/W. de BOOR 1982, S. 89-101

KUNERT, K.H.: Gerichtliche Aussetzung des Restes der lebenslangen Freiheitsstrafe kraft Gesetzes, in: Neue Zeitschrift für Strafrecht, 1982, S. 89-96

LACHMEYER, F.: Legistische Richtlinien als Metanormen des Rechtes, in: G. WINKLER/B. SCHILCHER (Eds.): Gesetzgebung. Kritische Überlegungen zur Gesetzgebungslehre und zur Gesetzgebungstechnik, Wien u.a. 1981, S. 213-222

LANGENHEDER, W.: Theorie menschlicher Entscheidungshandlungen, Stuttgart 1975

LEHNER, F.: Einführung in die Neue Politische Ökonomie, Königstein/Ts. 1981

LEISERSON, M.: The study of coalition behavior: Theoretical perspectives and cases from four continents, New York 1970

LEWIN, K./DEMBO, T./FESTINGER, L./SEARS, P.S.: Level of aspiration, in: J.M. HUNT (Ed.): Personality and behavior disorders, New York 1944, S. 333-378. (zit. als LEWIN et al.)

LÜDEMANN, C.: Alltagstheorien und Gesetzgebung - Eine Präzisierung und sozialwissenschaftliche Kritik gesetzgeberischer Argumente zur Neufassung des § 218 StGB, Diss., Hamburg 1981

LÜDEMANN, C.: Resultate der Kriminologie und deren Berücksichtigung durch den Gesetzgeber, in: M. BRUSTEN/J.M. HÄUßLING (Eds.): Kriminologie im Spannungsfeld von Kriminalpolitik und Kriminalpraxis. Deutsche Beiträge zum 9. Weltkongreß der Kriminologie 1983 in Wien, Wuppertal 1984

MAYNTZ, R. (Ed.): Implementation politischer Programme. Empirische Forschungsberichte, Königstein/Ts. 1980

MAYNTZ, R. (Ed.): Implementation politischer Programme II, Opladen 1983

MONTGOMERY, H./SVENSON, O.: On decision rules and information processing strategies for choices among multiattribute alternatives, in: Scandinavian Journal of Psychology, 1976, 17, S. 283-291

MOOS, L./GOLDSTEIN, H. (Eds.): The recall method in Social Surveys, London 1979

MÜHLFELD, C./WINDOLF, P./LAMPERT, N./KRÜGER, H.: Auswertungsprobleme offener Interviews, in: Soziale Welt, 1981, S. 325-352. (zit. als MÜHLFELD et al. 1981)

MÜLLER, T.: Das Verhältnis von Gnade und Recht am Beispiel der Aussetzung von lebenslangen Freiheitsstrafen zur Bewährung, Examensarbeit, Bremen 1983

MÜLLER-Dietz, H.: Lebenslange Freiheitsstrafe und bedingte Entlassung, in: H. EINSELE/J. FEIGE/H. MÜLLER-DIETZ: Die Reform der lebenslangen Freiheitsstrafe, Stuttgart 1972, S. 35-109

MÜLLER-DIETZ, H.: Wie ist beim Mord die präventive Wirkung der lebenslangen Freiheitsstrafe einzuschätzen?, in: JESCHECK/TRIFFTERER 1978, S. 91-113

MÜLLER-DIETZ, H.: Welche Vor- und Nachteile haben das bisherige Gnadenverfahren und eine etwaige gesetzliche Regelung der Strafaussetzung zur Bewährung hinsichtlich der zu lebenslanger Freiheitsstrafe verurteilten Mörder?, in: JESCHECK/TRIFFTERER 1978, S. 211-231. (zit. als 1978 a)

MÜLLER-DIETZ, H.: Der Versagungsgrund der Schuldschwere nach § 57a I Nr. 2 StGB, in: Strafverteidiger, 1983, S. 162-166

NOELLE-NEUMANN, E. (Ed.): Allensbacher Jahrbuch der Demoskopie 1976-1977, Wien u.a. 1977

NOELLE-NEUMANN, E./PIEL, E. (Eds.): Allensbacher Jahrbuch der Demoskopie 1977-193, Bd. VIII, München 1983

NOLL, P.: Gesetzgebungslehre, Reinbek 1973

OPP, K.-D.: Die Entstehung sozialer Normen, Tübingen 1983

OPPITZ, U.-D.: Der Vollzug der lebenslangen Freiheitsstrafe bei NS-Gewaltverbrechern, in: Monatsschrift für Kriminologie und Strafrechtsreform, 1977, S. 152-159

PARSONS, T./SMELSER, N.J.: Economy and Society. A Study in the Integration of Economic and Social Theory, London 1956

PILGRAM, A./STEINERT, H.: Ansätze zur politisch-ökonomischen Analyse der Strafrechtsreform in Österreich, in: Krim. J., 1975, S. 263-277

POHORYLES, R.: Determinanten und Resultate der österreichischen Strafrechtsreform in den siebziger Jahren, in: Österreichische Zeitschrift f. Politikwissenschaft 1, 1981, S. 39-49

POPPER, K.R.: Truth, Rationality, and the Growth of Scientific Knowledge, in: ders.: Conjectures and Refutations, London 1972, 4. veränd. Aufl., S. 215-250

POSNER, R.A.: Economic Analysis of Law, 2. Aufl., Boston - Toronto 1977

RAIFFA, H.: Decision Analysis. Introductory lectures on choices under uncertainty, Reading 1968

RASCH, W.: Haftschäden durch den Vollzug der lebenslangen Freiheitsstrafe, in: JESCHECK/TRIFFTERER 1978, S. 25-41

'recht', Informationen des Bundesministers der Justiz, Nr. 8/1974, 23.1.74

'recht', Informationen des Bundesministers der Justiz, Nr. 5, 14.3.74

'recht', Informationen des Bundesministers der Justiz, Nr. 48/1974, 19.6.74

'recht', Informationen des Bundesministers der Justiz, Nr. 15, 25.11.76

'recht', Informationen des Bundesministers der Justiz, Nr. 1, 20.1.77

'recht', Informationen des Bundesministers der Justiz, Nr. 44/1978, 20.12.78

'recht', Informationen des Bundesministers der Justiz, Nr. 10/1980, 19.2.80

'recht', Informationen des Bundesministers der Justiz, Nr. 27/1980, 13.5.80

RECHTSAUSSCHUSS-PROTOKOLLE

- Stenograph. Protokoll über die 85. Sitzg. des Rechtsausschusses des Bundestages vom 16.1.80, S. 15-58
- Stenograph. Protokoll über die 86. Sitzg. des Rechtsausschusses des Bundestages vom 23.1.80, S. 5-28
- Stenograph. Protokoll über die 90. Sitzg. des Rechtsausschusses des Bundestages vom 27.2.80, S. 6-15
- Stenograph. Protokoll über die 10. Sitzg. des Rechtsausschusses des Bundestages vom 1.4.81, S. 9-11
- Stenograph. Protokoll über die 13. Sitzg. des Rechtsausschusses des Bundestages vom 13.5.81, S. 5-11

REUBAND, K.H.: Die Einstellung zur Todesstrafe in der Bundesrepublik Deutschland 1960-1971, in: Angewandte Sozialforschung, 1975, S. 31-46

RIKER, W.H./ORDESHOOK, P.C.: An Introduction to Positive Political Theory, Englewood Cliffs 1973

RÖHL, K.F.: Über die lebenslange Freiheitsstrafe, Berlin 1969

ROTTER, J.B.: Social learning and clinical psychology, New York 1954

ROTTER, M./STANGL, W.: Die Ausweitung der Geldstrafe im Strafgesetzbuch 1975 als Beispiel sozialdemokratischer Reformpolitik, in: Österreichische Zeitschrift f. Politikwissenschaft 1, 1981, S. 53-63

RÜTHER, W.: Empirische Normgeneseforschung. Theorie, Methode und erste Ergebnisse eines Projekts zur Umweltstrafrechtssetzung, in: Krim. J., 1982, S. 177-193

RÜTHER, W.: Normgenese und Umweltschutz. Zur Genese des Umweltstrafrechts vor dem Hintergrund der Entwicklung des Umweltschutzes als neuer gesellschaftspolitischer Aufgabe, überarb. Fassung eines Vortrages auf dem internationalen Kongreß für Kriminologie 1983 in Wien

RUSCHE, G./KIRCHHEIMER, O.: Sozialstruktur und Strafvollzug, Frankfurt a.M. 1969

SARIS, W.E./SARIS-GALLHOFER, I.N.: L'application d'un modèle de décision à des données historiques, in: Revue Francaise de Science Politique, 3, 1975, S. 473-501

SCHEERER, S.: Die Genese der Betäubungsmittelgesetze in der Bundesrepublik Deutschland und in den Niederlanden, unv. Diss., Bremen 1979

SCHEERER, S.: Strafgesetzgebung, in: R. SIEVERTS/H. SCHNEIDER (Eds.): Handwörterbuch der Kriminologie, 2. Aufl., Bd. IV, Ergänzungsband, Berlin u. New York 1979, S. 393-404. (zit. als 1979 a)

SCHEERER, S.: Gesetzgebung im Belagerungszustand, in: E. BLANKENBURG (Ed.): Politik der inneren Sicherheit, Frankfurt a.M. 1980, S. 120-168

SCHINDLER, P.: Einzelfallstudien zum Zustandekommen von Bundesgesetzen, in: Zeitschrift für Parlamentsfragen, 3, 1981, S. 451-456

SCHNEIDER, H.: Gesetzgebung. Ein Lehrbuch, Heidelberg 1982

SCHÖCH, H.: Kriminologie und Sanktionsgesetzgebung, in: Zeitschrift für die gesamte Strafrechtswissenschaft, 92/1980, S. 143-184

SCHUBARTH, M.: Das Verhältnis von Strafrechtswissenschaft und Gesetzgebung im Wirtschaftsstrafrecht, in: Zeitschrift für die gesamte Strafrechtswissenschaft, 92/1980, S. 80-106

SEIDEL, H.: Prozesse der Normsetzung. Inhaltsanalyse parlamentarischer Beratungen der Strafrechtsreform in der Bundesrepublik Deutschland, unv. Forschungsbericht, Universität Bremen 1980

SESSAR, K.: Die Umgehung der lebenslangen Freiheitsstrafe, in: Monatsschrift für Kriminologie und Strafrechtsreform, 1980, S. 193-206

SHERIF, M.: The Psychology of Social Norms, New York 1937

STAIGER, G.: Zu den Auswirkungen der tatbestandlichen Ausgestaltung des § 211 StGB, in: JESCHECK/TRIFFTERER 1978, S. 181-190

STANGL, W.: Die Strafrechtsreform in Österreich 1954-1975. Rechtliche und soziale Voraussetzungen und Auswirkungen, Wien 1981

STANGL, W.: Die Entstehung des Antikorruptionsgesetzes - Ein Stück österreichischer Koalitionsfolklore?, in: Kriminalsoziologische Bibliographie, 1982, S. 49-62

STANTON, J.M.: Murderers on parole, in: Crime and Delinquency, 1969, S. 149-155

STARK, H.-D.: Haftschäden durch den Vollzug der lebenslangen Freiheitsstrafe, in: JESCHECK/TRIFFTERER 1978, S. 61-87

STEINBRUNER, J.D.: The Cybernetic Theory of Decision, New Dimensions of Political Analysis, Princeton 1974

STEPHAN, E.: Die Einstellung zur Todesstrafe, in: Zeitschrift für die gesamte Strafrechtswissenschaft, 1977, S. 1046-1067

SUDMAN, S./BRADBURN, N.M.: Response effects in surveys, Chicago 1974

SVENSON, O.: Process Descriptions of Decision Making, in: Organizational Behavior and Human Performance, 23, 1979, S. 86-112

SWAAN, A. de: Coalition theories and cabinet formation. A study to formal theories of coalition formation, applied to nine european parliaments after 1918, Diss., Amsterdam 1973

THIBAUT, J.W./KELLEY, H.H.: The Social Psychology of Groups, New York 1959

TOLMAN, E.C. Principles of performance, in: Psychological Review, 62, 1955, S. 315-326

TRIFFTERER, O.: Zur Behandlung 'Lebenslänglicher' in der Bundesrepublik, in: Zeitschrift für Rechtspolitik, 1970, S. 13-17

TRIFFTERER, O.: Zur Behandlung 'Lebenslänglicher' in der Bundesrepublik (II.), in: Zeitschrift für Rechtspolitik, 1970, S. 38-42. (zit. als 1970 a)

TRIFFTERER, O.: Die lebenslange Freiheitsstrafe - ein Fall für das BVerfG, in: Zeitschrift für Rechtspolitik, 1976, S. 91-92

TRIFFTERER, O.: Welche Vor- und Nachteile haben das bisherige Gnadenverfahren und eine etwaige gesetzliche Regelung der Strafaussetzung zur Bewährung hinsichtlich der zu lebenslanger Freiheitsstrafe verurteilten Mörder?, in: JESCHECK/TRIFFTERER 1978, S. 193-210

TRIFFTERER, O./BIETZ, H.: Strafaussetzung für 'Lebenslängliche'? Zum Gesetzesentwurf für eine Aussetzung bei lebenslanger Freiheitsstrafe nach 12 bzw. 15 Jahren, in: Zeitschrift für Rechtspolitik, 1974, S. 141-148

UPPENKAMP, T.: Die Begnadigung und ihre Bedeutung bei der lebenslangen Freiheitsstrafe, Diss. jur., Münster 1972

VLEK, C.A.J./WAGENAAR, W.A.: Judgement and decision under uncertainty, in: J.A. MICHON/E.G.J. EIJKMAN/L.F.W. de KLERK (Eds.): Handbook of Psychonomics, Amsterdam u.a. 1979, S. 253-345

Vorlegungsbeschluß des Landgerichts Verden, in: NJW 1976, S. 980-984

VROOM, V.H.: Work and Motivation, New York 1964

WALDMANN, P.: Zur Genese von Strafrechtsnormen, in: Krim. J., 1979, S. 102-123

WIELAND, G.: Sozialwissenschaftliche Forschung und gesetzgeberische Praxis. Methodologische und verhaltenstherapeutische Überlegungen zum Strafvollzugsgesetz, Weinheim 1978

WINDOLF, P.: Offene Interviewtechnik und Auswertungsverfahren, discussion paper series des International Institute of Management - Wissenschaftszentrum Berlin 1979

WRIGHT, G.H. v.: Erklären und Verstehen, Frankfurt a.M. 1974

WROBLEWSKI, J. A Model of Rational Law-Making, in: Archiv für Rechts- und Sozialphilosophie, 1979, S. 187-201

WULF, B.R.: Kriminelle Karrieren von 'Lebenslänglichen', München 1979

GPSR Compliance

The European Union's (EU) General Product Safety Regulation (GPSR) is a set of rules that requires consumer products to be safe and our obligations to ensure this.

If you have any concerns about our products, you can contact us on ProductSafety@springernature.com

In case Publisher is established outside the EU, the EU authorized representative is:

Springer Nature Customer Service Center GmbH
Europaplatz 3
69115 Heidelberg, Germany

Batch number: 10809468

Printed by Printforce, the Netherlands